Colors and Words, by Lang Lang

张郎郎 著

郎郎说事儿

人民东方出版传媒
東方出版社

目录

记忆里的老爸和老妈

一

1949年在延安，那些美术工作者们对马蒂斯、毕加索等人的西方现代绘画曾经进行了批判，据说和我老爸在延安搞了个“人像展览会”有关系。他在上海和张光宇、张正宇兄弟一块儿曾“现代”过一把，当然他是小老弟，那时还有叶浅予、特伟、胡考、鲁少飞等等都一起玩漫画。

我老爸不知怎么想的，到了革命圣地，还不忘他的上海摩登漫画，自作主张地一口气画遍了延安文艺界的各位朋友的漫画像，兴致勃勃地开始办展览会。可是他不知道那时候大家都已经是公家的人了，差不多都有了一官半职，或者将来会有更高的一官半职什么的。所以有些人自然不高兴了，这可不是在上海滩玩闹的时候了。

有人记得，当时有位领导看了勃然大怒，说：怎么居然把刘白羽同志画成了一只兔子？其实我老爸不会真那样做，只是那位首长不明白，漫画像就是必须夸张。您看着像兔子，其实那真的不是兔子，那绝对是刘白羽先生的漫画像。想当年胡考在《万象》杂志上画的蒋中正，可以说像把菜刀，吴稚晖大概像棵白菜，孙科整个就

1937年，抗日艺术队合影。后排左五为队长张仃

是一个踢坏了的足球，但谁看了都觉得有趣，漫画的特点就是这样，只是当时在延安有些人还不太理解罢了。

在当时特定的历史环境下，我爸却被警告了。好在当时在“鲁艺”担任美术系主任的江丰也是从上海来的，他见过这些艺术表现手法，对我爸的疯疯癫癫也有所了解，在他的关照下，我爸也没遇到什么太大的麻烦。

好像就从那时候开始，就明确规定了，不许随便画革命同志的漫画像，更不许画任何领导同志的漫画像。一直到20世纪80年代，胡耀邦当上领导人的时候，才允许画家“幽”了他一次“默”，但是很快就被有关方面制止了，至今，不能乱画的规定依然有效，似乎这是永不过时的规定。最近，也有了这方面的漫画，当然，是属于“歌颂型”的漫画。这已经算迈出一大步了。

过去谁敢给领导同志画漫画像，谁就可能被作为外来势力派来的敌人或者是心怀不满、别有用心的异己分子。于是我们就这样一直绷住，好在急风暴雨的斗争年代总算过去了。

在延安，江丰先生和胡蛮先生虽然认为这些现代绘画、形式主义倾向是一种歪风，但还没有上升到这是特务进攻延安的一种战术，那会儿大家还比较正常。我爸虽然人还不错，传播这个歪风还是不好的。他就是那个歪风的代表，最好反掉我爸身上那个现代派的歪风，留下一个我的革命爸爸。当时是战争时期，人们不那么较真。战争时期什么都可能发生。

1945年3月，延安《解放日报》发表毕加索的文章《我为什么加入共产党》，并刊登了他的作品《踏着圆球的女孩》。那时人们就明白了，毕加索是自己人，是无产阶级国际主义战士。那样一个知名人物，投身到共产党阵营，说明真理的召唤，货真价实。

张仃（右）和助手准备悬挂国徽

对我爸来说，这简直就是老天爷的雪中送炭。于是我爸就理直气壮地从箱子底拿出来一张毕加索油画的印刷品，把它贴在我们家的窑洞里。那时的人比后来的人简单得多，毕加索已经是自己人了，他的画就没人再批判了。从延安到东北，从东北到北京，那张画一直悬挂在我们家墙上。

记得我家住在北池子那会儿，爸爸张仃忙得一个礼拜我们也见不到他的影儿，倒是可以看到爸爸拿回来的各式各样的国旗、国徽的设计图稿。

爸爸和从延安来的这些艺术家们，他们看到了这么惊天动地的结果——新的国家建立了！这绚丽的结果，使得他们当初经历的所有苦难都变成了理所当然的代价。今天国家他们要设计国徽了，大家精神百倍，他们一定要加倍努力最好地完成任务。

现在爸爸他们接下了设计国徽的任务，这可是让他们多年来积淀的底蕴，更好更彻底地继续为新时代谱写最灿烂篇章的好机会。

经国家政府部门的“国徽设计”前期甄选后，成立了两个小组，一组由中央美术学院的张仃、张光宇、周令钊、钟灵等组成。另一组由清华大学营建系梁思成、林徽因、莫宗江、李宗津、朱畅中、高庄等组成。随后爸爸他们经过了在长时间的热烈讨论和深刻体会、积极实施上级领导的具体意见后，新的国徽挂在了天安门城楼上。

二

那时候，大家会开玩笑叫我小“诗人”，我不免就得意洋洋，回家就把这个事告诉了我的父母。等我一本正经地把自己的这首“诗”读

1956年，张仃在家中作画

完以后，妈妈说："孩子，你还不懂什么是诗。"我本以为会得到他们的夸奖，没想到得到的是这么当头一棒。

爸爸居然在那么忙的时候，有一天专门找出一个厚厚的本子。那个本子里都是淡黄色、薄薄的毛边纸，然后爸爸用细细的麻线装订起来，封面是用浅灰色的细帆布制成的。

爸爸告诉我，这是在延安时代，他自己做的笔记本，里面都是爸爸和妈妈抄写的最喜欢的诗。爸爸轻轻地翻开那快成古董的本子，给我找出来一首艾青的诗，轻声地读给我听。那诗从头到尾就是讲述一个小号兵，每当他吹响嘹亮小号的时候，可能声音里融入了淡淡的血丝。当他被子弹射中以后，倒在了地上，他锃亮的小号身上，映照出冲锋的战友和招展飘扬的胜利旗帜。

我明白了，这才是诗。诗就是另一种童话。

爸爸那个本子里，还有俄国著名诗人亚历山大·普希金、纳齐姆·希克梅特等的诗文。

不知有多少个夜晚，好像那时候爸爸又出国了。妈妈就拿出这个本子，轻声地读诗给我听。我每次点的第一首诗，都是希克梅特的《医生，我的心不在这里》，因为他是一个土耳其的著名诗人，他在监狱里写了这样的句子：

> 医生，我的心不在这里，
> 它现在在黄河之滨……

每次妈妈读到这句时，声音就哽咽了，我也眼里朦胧了起来，感觉到他对中国，或者是对真理的爱一直传到我的心底。这种情绪笼罩着我，心里涌起阵阵热流。对他的诗，对妈妈的朗诵，我百听不厌。

20世纪80年代，张仃在树下写生

三

20世纪50年代，我爸从巴黎回来。那时在中国，出国可是一件极其罕见的事情。因为那时候，中国和西方各个国家都没有建交，只有英国在北京有个代办处。

中国艺术家所向往的巴黎，任何人根本没有去访问的可能性。

20世纪80年代，兄弟合影。左起：张沛沛、张郎郎、张寥寥、耿军

《妈妈陈布文》 国画 张仃作 1965年

就在1956年，法国正好要在巴黎举办世界博览会，中国也在被邀请之列。这也许是西方和新中国和解的一种试探，也可能是法国的政治和外交政策在变化中。中国的领导阶层认为，这个阵地我们有必要去占领。

于是，领导层决定派我爸爸去巴黎修建一座展示新中国的展览馆，虽然这只是博览会里那种临时性建筑物，但这却是跨向西方世界的第一步。上级任命我爸爸为总设计师，这在当时是很自然的，因为他已经在20世纪50年代多次到国外去设计展览会，在莫斯科、华沙、布拉格、莱比锡举办的博览会和展览会，爸爸都是中国馆的总设计师。

这次中央决定之后，我爸爸就开始组团。我们的邻居董希文伯伯平时是一个非常严谨的人，为这件事他第一次向我爸爸开口，希望在代表团中有他，哪怕只是作为一个普通的工作人员。后来才知道，这也不是董伯伯的一厢情愿。这个口风也是中央美术学院他的上级事先透露给他的，甚至还给了他赵无极先生的地址，如果董伯伯能进入这个代表团，到了巴黎就可以有机会和赵无极先生叙旧。

我爸当时也不知道“美院”领导的这个想法，他听到董希文伯伯的希望，又感动又感慨。一个艺术家对于艺术之都的景仰，绝对是出自内心的。另一方面，董希文伯伯一定非常希望利用这次机会，可以去卢浮宫欣赏那些多年来心仪已久的世界名画，就像一个武林的顶尖高手，多么想看看前辈们的神仙一样飘逸的足迹。如果董希文伯伯有这次机会，他一定会在艺术上有许多收获和碰撞，再创辉煌。董希文伯伯是一个悟性高、分析力强，有才干又肯辛勤钻研的油画巨匠。这个机会应该给他，那个时代，没人知道什么时候会和法国建交，这种千载难逢的机会不能让它擦肩而过。

1956年，在法国南部坎城加里富尼别墅，张仃拜会毕加索

但是，当时文化部和外贸部的领导对这个代表团的想法和“美院”的想法不一样，和董希文伯伯的想法就大相径庭了。最后拍板的时候，代表团主要成员是各个有关方面的领导，然后才是我爸爸当总设计师，还有“贸促会”的工作人员、展览工作室的人员，同行的只有一位艺术家，他是北京美术家协会的花鸟画家王雪涛先生。

估计他们觉得去巴黎和西方接触就应该有一个代表民族的中国画画家，所以董希文伯伯就失去了这个机会。这些决定的确不是我爸的管辖范围，他的确是无能为力的。我也为董伯伯不能前去而遗憾惋惜，本来我以为爸爸是可以安排的。后来我渐渐明白，我那个英雄的爸爸，在一定的范围里还可以，在更大的范围里，爸爸就只能接受别人的安排。这些是我长大以后才渐渐明白的。

爸爸从巴黎回来，一下洋气了许多。爸爸本来就是一个非常注意仪表的人，他从巴黎带回来的衣服，和从苏联、东欧带回来的衣服，大不相同。特别是他带回来的故事，更让我们耳目一新。

他给我们讲：当年在国内许多有才能的同行，现在还在巴黎画画的人还真不少。

他们虽然得到了在巴黎自由创作的机会，但是生活多数都十分艰难。他们的处境和我爸爸、妈妈当年在上海、南京时差不多。

多数海外艺术家依然在生存问题上苦不堪言，他举了常玉先生为例。爸爸说常先生画得非常好，但是经济非常窘迫，他到常先生家去做过客，那真是艺术大都会中的清贫一族，和当年他们在上海住在阁楼里的情况，几乎没有区别。

潘玉良女士已经到法国很多年，也还是一个清苦的艺术家，但他们都乐天知命。爸爸也给他们传了话，希望他们回国看看，如果喜欢可以留下来为新中国的美术发展共同努力。似乎这番话主要是说给张大千听的，但是张大千的经济条件还是不错的，他早就有底儿了。从浙江美术学院去法国的赵无极先生，可以说是这些人里仅有的在法国已经站住脚的艺术家，他已经进入到法国当代主流艺术的大师行列中了。

这些人在1949年以后，第一次见到中国来的既是官方的又是艺术的代表团，他们的百感交集是一定的，此处无须赘言。他们兴奋，他们高兴，他们沉思，他们感慨，他们畅谈，无论他们如何选择，都不会影响他们见到故乡来的同行的那种欢欣。他们一起吃饭，一起喝酒，一起欢笑。

我看他们当年的照片，每个人都笑得和孩子一样。

我仔细看爸爸讲的这些人物，潘玉良这把年纪还剪个整齐刘海儿的娃娃头，瞪着那大得吓人的眼睛，那么厚的嘴唇，真把我震晕了。爸爸说："人不可貌相，她可真是艺术界里的性情中人。"

张大千当时飘逸的胡子还是黑色的，我想大概他比较像唐伯虎的好友祝枝山。爸爸还告诉我，赵无极很慎重，很低调，他开来的车子，黑黑的，笨笨的，一点儿不打眼，只有内行的人才知道这是好车，也是最结实、最安全的车。

当然，最让爸爸激动的是他去拜访了毕加索。

你想，爸爸当年在延安的窑洞里，就在黄土墙上贴上了一张毕加索的女人头像。如果是现在这没什么稀奇，现在的孩子都可以给你讲一大堆关于毕加索的传闻轶事，可那是战争年代、整风年代。现在爸爸居然阴差阳错地到了巴黎，居然有机会去拜访毕加索本人，毕加索竟然还欣然同意了。

说实在的，我爸当年要不是瞬间的冲动决定去延安，就绝不会

《西湖岳庙》　国画　张仃作　1954年

《谛听》 国画 张仃作 1963年

有今天这样的机会，毕加索欣然同意绝不会因为知道我爸爸是谁，而是因为爸爸是新中国来的画家，他的背景就是那个正在悄然兴起的东方大国，那就是他的底蕴。

爸爸当然很清楚这一点。爸爸代表中国文化界赠送给毕加索一本齐白石的画册，还有爸爸自己的画和王雪涛先生的画。本来爸爸自己准备送给毕加索的艺术品是两幅民间传统的“门神”，一张是秦琼，一张是尉迟恭。可惜，领导觉得这是宣扬封建迷信，就不许送这个礼了。

毕加索回赠给代表团的是他自己的画册，同时也特别回赠给我爸爸一本他的画册。他要爸爸把他的名字用中文写给他看，然后他拿起彩笔在画册的扉页上写道：“送给张仃”。“张仃”两个字他还用不同的颜色写的中文。他笑着说：“这是我一生中第一次写中文。”

毕加索又用彩笔在同一页上，画下了他那著名的“和平鸽”。我爸爸非常高兴，展开自己送给他的那幅水墨山水画，对毕加索说：“欢迎你到中国做客，中国的艺术你一定会喜欢。”毕加索回答说：“我年纪大了，虽然我一直希望去中国，就怕到了中国我又要再次否定自己，还会决定画起中国画了，所以还不能去。”说完，他哈哈大笑。

当然，毕加索的话不可太认真，他一向就是人生游戏或者游戏人生了。

我看到爸爸带回来的照片中，有许多是毕加索和爸爸开玩笑的照片，一会儿是他自己戴上了卓别林式的胡子，一会儿是他给爸爸带上了个大鼻子，来回戴上不同的简单面具。估计他觉得平常照相照得太多了，太没意思了，这样胡闹一下才有些艺术情趣。当时就连王雪涛先生都像孩子一样，戴上了假胡子，他们仨一起合了影。

可见，不管是哪国的艺术家，只要他还在艺术中，那他就还是个“大孩子”。

爸爸讲这个故事可比我讲得要丰富百倍。他讲得比我有风趣。抗战时期在重庆那会儿，他讲自己的童年故事，就迷倒了诗人徐迟。徐迟说：“太精彩了，你怎么不写啊？”爸爸说：“我是画画的，陈布文是写东西的。将来让她来写。”

黄永玉叔叔的那点儿事

黄永玉叔叔搬到我们院儿，一开始并没有引起这帮孩子的注意。首先，这院儿里美术界的名人够多的了，而黄先生那会儿还不是个名人，所以黄先生搬来的时候，孩子们基本没什么反应。一来，看着面生，我们以为只不过就是来了个青年教员吧。二来，他们家没有和我们一样大的孩子，只有一个黄黑蛮，还是个小不点儿呢，所以感觉平淡。

当董沙贝跑来告诉我，这位黄永玉叔叔是从香港来的，这才引起了我的注意。过去张光宇伯伯带着张临春就是从香港回来的，《木偶奇遇记》的原装画册就是他们从香港带回来的，可见那是一个洋地方。我首先关心的是，他们家有没有我心爱的卡通画册，还有没有令我们大为兴奋的这类宝贝。后来事实证明，他果然有，还不是一件两件。一件又一件，件件都精彩。

黄永玉搬到我们院儿的时候，他才28岁。那时候李可染先生也才45岁，董希文先生那年也才38岁，我爸爸才35岁，李苦禅先生是全院儿年岁最大的画家，已经53岁了，可是今天来看，那时他们多么年轻啊！我们大雅宝的这个院儿，真的是个艺术大磁铁，美术界的“各路豪杰”都被吸引到一起来了。

黄永玉与夫人张梅溪

记得那是暑假里的一个傍晚，大家吃完晚饭，我们院儿的老人拿着蒲扇和小板凳到大门口去乘凉了。我们这些孩子，就站在大门口的路灯下，海吹神聊。这时小生子上气不接下气地从院子里跑出来，说："快去看看吧，新搬来的黄叔叔、黄妈妈在中院儿表演节目呢。"我们这帮孩子"呼啦"一声，前呼后拥地就窜到了中院儿。

第一次见到黄妈妈，真不觉得她像个中国人，至少不是那个年代的中国人。她穿着一条杏黄色的"布拉吉"（连衣裙），挂在肩膀上的似乎只有两根带子。裙子上面还横七竖八地抹了些不规则的咖啡色道子。20世纪50年代北京就没见有人这么穿过，甚至也没人见过这种花色的裙子。她头发扎成一个马尾巴，显得相当靓丽清爽。

黄妈妈随着音乐的旋律摇来摆去地拉着一个酒红色的手风琴（后来才知道黄妈妈拉的那手风琴是意大利的）……那时的北京哪儿见过这个景致？简直和外国电影差不离了。黄妈妈拉完过门儿，黄永玉叔叔和她一起开唱：

西班牙有个山谷叫亚拉马，
人们都在怀念着它，
多少个同志都倒在山下，
亚拉马开遍鲜花。

国际纵队来到了亚拉马，
保卫自由的西班牙，
他们要誓死战斗在山下，
亚拉马开遍鲜花。

黄永玉（右）与沈从文合影

刚搬到一个院儿，黄永玉叔叔就以这种奇特的方式作为开场白，可以说绝对是独出心裁。黄叔叔无论想出来什么惊世骇俗的招儿，黄妈妈总是毫无保留地大力支持。我们真是被他们的热情而感染，也同时被他们那个意大利的手风琴给震了。那时候，这种进口的东西在北京还是相当罕见的。这个院儿还算经常有人出国，但是这种类似奢侈品的东西我们根本没见过。我爸爸可以说是中央美术学院出国机会最多的人，但是他决不会给我们买一部手风琴之类的东西，他真正舍得花钱买的，还是他心爱的莱卡照相机。他说这是工作需要，我当然同意。不过我也知道那只是一方面，真正的原因不言而喻——相机是他们这种大人的心爱玩具，尤其对画画的人，那就简直是一定的了。

黄永玉叔叔挥动着手臂，鼓动我们一起唱歌。其实，这个歌我们早就会了，可一开始，我们都用蚊子一样的声音哼哼，接着就和黄叔叔同声同气了，后来越唱越高兴，干脆扯开嗓子吼了起来。

黄叔叔和黄妈妈那天都非常高兴，这么快得到了孩子们的认同。这院儿里的孩子一批准，他们就是名副其实的大雅宝人了。

第二天，我和沙贝决定：一定要让黄叔叔知道知道，这院儿的孩子不是等闲之辈。我们商量的结果，决定在我们院儿的走廊办一个自己的墙报。于是我们集中在沙贝家里，一起认认真真地创作漫画，跟真事儿似的。

现在我还记得，我画的是《人造地震》，画面上是两个小孩在房上，屋子里的电灯泡来回晃悠。这是我们院子常有的事儿，大雅宝这个院儿比不上斗鸡坑那个院儿的，就是没有自己的枣树。可是隔壁的二号正好有两棵枣树，枣树的枝叶都覆盖在了我们院儿的西房上。每当枣儿一熟，我们就纷纷上房，接二连三，上蹿下跳，于

1953年，左起：黄永玉的夫人张梅溪抱着黄黑蛮，妈妈陈布文抱着弟弟张寥寥

黄永玉在家中与家人合影。右起：黄永玉、张梅溪、女儿黄黑妮、儿子黄黑蛮

是各家的老人们就不断地大呼小叫了，一来是怕屋里房梁不断掉土，二来是怕摔了孩子。她们宁愿给孩子们买枣儿吃，也不想让我们上房。可是对我们来说，似乎买的枣儿永远比不上自己摘来的枣儿好吃，于是我就画了这么一张画。

沙贝画了一张《中院儿在庆祝什么？》。画面上是中院儿的晾衣服绳子横拉竖扯，挂满了五颜六色的衣服，好像是彩旗飘飘地在庆祝节日。其他的孩子也画了一些，最后终于凑满了一版，我们就把作品仔细粘贴在用几张报纸拼起来的衬纸上。

趁大人都在睡午觉的时候，我和沙贝、沙雷一起把这第一期墙报，悬挂在走廊的墙壁上。然后我们藏在沙贝家里，像侦察兵一样，仔细观察路过的大人如何反应。每当有个大人从这里经过，我们就紧张得喘不过气来。等黄叔叔路过的时候，我们自然格外的紧张。我和沙贝哥儿俩都忍不住了，悄悄跑到院儿里，从墙角那里偷看黄叔叔的表情。黄叔叔一看见我们的墙报，当时就停了下来，叼着烟斗仔细地看我们的画。突然，他哈哈大笑起来，声音特大，中院儿走廊里都有共鸣了。他笑得地动山摇，别看他个子不高，笑声可真是高。

这就是我们的第一个回合，达到了我们预期的目的。

后来，黄永玉叔叔把我们“收编”了，他要求我们一本正经地办起了正式的墙报。

不过，暑假我们最重要的活动仍然是斗蛐蛐儿。

黄叔叔也有绝的，他对我们说，他逮蛐蛐儿早就是多年的行家高手了。他让我们全力以赴，好好去逮，回来以后才有资格去找他斗蛐蛐儿，大战三百回合。

那时候，北京城四周还围着城墙。因为交通慢慢发展了，原来的那几个城门不够用了，就在朝阳门和建国门之间拆了一段城墙，

黄永玉叔叔和大雅宝的孩子们。左起：李小可（李可染之子），董沙雷（董希文次子），彦冰（彦涵之子），董沙贝（董希文长子），张郎郎（张仃之子），程妩珊（程尚仁之女），袁聪（袁迈次子），袁骥（袁迈长子），李燕（李苦禅之子），黄永玉，李玲（李苦禅之女）

叙事长诗《阿诗玛》插图
版画
黄永玉作
1956年

创作中的黄永玉

也就是我们这个豁子，让大雅宝胡同直接通向了城外。

这就是后来的雅宝路了。

于是我们整队，向豁子外出击，决心要逮回来最厉害的蛐蛐儿，誓言要在南小街一带，势如破竹，横扫三军。

且不说我们让草棵子里的小咬，叮得浑身大包；也不提让喇喇秧在我们胳膊上、腿肚子上抽出来一条条的红印子；更别看我们一身臭汗、两脚黑泥，反正是满载而归。虽然我们没有逮着一个够得上八厘顶尖的蛐蛐儿，可是我们的凉子里小红头、大黑头各种蛐蛐儿都快装满了。我们为了让蛐蛐儿舒服，还在凉子里塞上了一把青草。看来它们在里面也很快乐，在我们回来的路上，它们已经开始此起彼伏地轮唱、合唱了。

第二天一大早，沙贝和我大概分了分，各自选了几个将军级的蛐蛐儿，放到准备好的瓦罐里面了。沙贝告诉我，必须给它们吃辣椒，让它们性子火暴，才能够开牙。蛐蛐儿要是不开牙，那就算个儿大也没用，关键在于战斗力。

经过几天的认真准备，我和沙贝、李燕、小宝还进行了演习性的战斗，最后选出来三只最厉害的蛐蛐儿，就相约一起到黄叔叔那里去比个高低。我们一人捧着一个罐儿往前走，后面跟上了院子里的“梁山好汉”，大家都想看看这个空前的蛐蛐儿比武大会。

黄叔叔正在家里加班儿刻木刻，平时他真正干活儿应该是在夜深人静的时候，所以这个时候我们来找他，黄叔叔并没有不高兴，他乐呵呵地说：“好啊，你们的三个大将军，准备哪个先上第一场啊？”

我们笑了，说：“先让我们看看你的蛐蛐儿，我们再决定。”谁不知道那个田忌赛马的故事，现在就是先得知道，他到底有没有

沈从文与黄永玉家人合影。左起：张梅溪、黄永玉、黄黑蛮、沈从文

蛐蛐儿？有什么样的蛐蛐儿？你想，我们看黄叔叔每天忙得要命。他讲故事的本领，我们早就领教了。如今就有点儿怀疑他的话里大概水分不少。先把大话放在这儿，以后再找辙。他一个香港人，知道怎么玩蛐蛐儿吗？不会，我们再教你。那会儿，我们真是有点儿要震震牛哄哄的他的意思。

黄永玉叔叔微笑着，慢悠悠地说："好的，别忙，我来洗洗手。"他接着慢条斯理地洗手，然后点上一锅烟丝，把他们家的小炕桌四平八稳地放在院子中间，再转身回去，像魔术师一样，接二连三地捧出了几个大号澄浆底的专业蛐蛐儿罐儿。

一看他的罐儿，我们全体立马犯晕，他还真是玩真的啊。这等级的罐儿我们也就在东四牌楼旁边隆福寺的蛐蛐儿市上见过，我们这胡同还没一个玩到这一级别的。这些老罐儿又大又沉，价钱我们从来没敢问过。

他"嗡"的一声打开蛐蛐儿罐儿的盖子，余音袅袅，和打镲一样。哎哟，难怪有人管这种罐儿叫钢罐儿呢。这一"嗡"绝对是一种金属才能发出的声音。

我们伸头望去，还看不见蛐蛐儿，罐儿里镜面一样黄色澄浆底上，有一个小巧青花瓷过笼。他轻轻捏开过笼的顶盖儿，那蛐蛐儿在家呢。那蛐蛐儿没有八厘，也得七厘五，不但个儿大，还全须全尾全大夯，所谓大夯就是它的大腿。它浑身油亮油亮的，大黑头点了漆似的锃光瓦亮，那水牙就显得格外洁白，那紧拢的双翅，隐隐透出一层金光。

黄叔叔这时候就亮出了他的蛐蛐儿探子，那探子竟然是用白象牙做的杆儿，用棕灰色的耗子胡须像做毛笔那样用鳔胶粘在探子杆儿头儿上。这探子又精致又有弹性，黄叔叔拿在手里，先伸头看看。只见那只偌大的蛐蛐儿，一气儿就跑了半圈儿，弹了一下大腿，又突然猛地转身，急急地前后左右地搜索着，时不时还停下来抖动身体。好么，这蛐蛐儿，一派"王者气象"，英气逼人，把我们全看傻了。

黄叔叔轻轻用探子一扫，它立马开牙，双翅一抖，"喳喳"叫了起来，还有节奏地颤动着大腿，似乎在击鼓吹号、挑战示威。

"哇！"我们几个当时都惊呆了。我们这帮孩子在大雅宝的蛐蛐儿沙场上也都算是见过世面的主儿了，今天算又真正开了眼。这简直不是一个级别的比赛，不赛不知道，一赛吓一跳。剩下的不用细说你也能知道，我们的那几场比赛，一共就是四个字，"落花流水"。最多一两个回合，我们的蛐蛐儿只有逃跑的份儿了，我们那位"一号"选手，愣让黄叔叔的"大将军"给甩出了罐儿。

20世纪90年代，黄永玉家。左起：黄永玉、张仃、黄黑妮

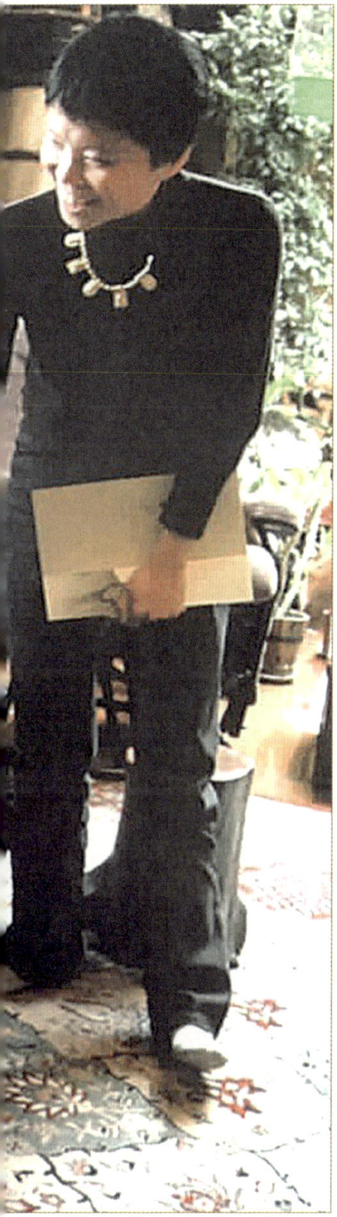

我们原本想震黄叔叔一把，没想到让黄叔叔把我们彻底地反震了一把。

黄叔叔笑眯眯地告诉我们，他的几个“大将军”的名字绝不那么俗气，不是叫“大红袍”、“大青翅”之类的俗名。他的一号大将的名字叫“寥寥”……啊？那可是我弟弟的名字啊。黄叔叔解释说，这只蛐蛐儿叫声厚重，寥寥是个粗喉咙，所以起了这个名字。黄叔叔说，二号大将是叫声清脆，所以就叫它“小仔儿”……哦，那是詹先生儿子的名字，因为他哭声嘹亮。三号大将是个大哑翅，于是就叫“小弟”，那是李可染伯伯的小儿子李庚啊。李庚是沙喉咙，他的外号“麒麟童”也是黄叔叔给起的。好嘛，原来黄叔叔的蛐蛐儿全借用了我们院儿小一帮孩子的名字啦。

我们笑得前仰后合，沙贝赶紧问：“你的蛐蛐儿到底是从哪儿逮的？”

黄叔叔一本正经地告诉我们说，就在中央美术学院后面的小山上。啊？我们怎么没想到那里会有这么好的蛐蛐儿呀？

第二天，我们马不停蹄地跑到中央美术学院后面的小山上，狼烟四起，把小山翻了个底儿朝天，别说八厘的蛐蛐儿，就连个蛐蛐儿秧子也没见着。黄叔叔就是这么一

黄永玉叔叔近照

绝。嘿！我们怎么该信他的时候没信，不该信他的时候，倒信了他。他那蛐蛐儿恐怕都是从隆福寺那儿买回来的。

后来我们才知道，黄永玉叔叔是拿我们开涮呢。虽然我们白跑了一趟中央美院小山，可是得了个明白。从那时候起，我们明白了黄叔叔是个爱玩儿、会玩儿的天生孩子王，要玩儿就得玩个地道。

把玩儿的事，当正经事来办，一定会有出乎意外的收获。正经的事，要和玩儿一样，一定不会伤了身子骨。我揣摩这就是他的处世绝招。

黄永玉叔叔每拿出一样东西，一定会跟着一整套故事。譬如他拿出磨刀的油石，用手轻轻抚，似乎那是个敏感的活物。我们从来没见过那么细腻、平整、似乎自己会出油的石头。他磨刀我们可以看，但绝对不能插手。他一边解说，一边以绝对专业的架势“噌噌”几下稳、准、狠，那木刻刀就吹毛立断了。

那几天黄永玉叔叔正在给《雪峰寓言》一书刻插图，听说还要刻《译文》杂志里契诃夫、高尔基、罗曼罗兰等文豪们的肖像，因为张张都要求刻出精确的细线，所以就要更锋利的刀口，在很硬的木头上剔出花样。

要是平时黄永玉叔叔给《萌芽》、《新观察》等杂志刻个封面什么的，他就用麻胶版和那圆口刀来刻就足够了，那好比是中国画的大写意。脑子当然要用，先琢磨透了，于是手上出活儿就快了，当然比刻那些肖像的速度要快多了。

黄永玉叔叔刻木刻的时候有时候我们可以看，但那个时候绝对不能说话，除非在他完成了构思以后，主动问你什么，你再说两句。黄叔叔刻起木刻来，立刻进入一种状态，和所有手艺人一样，就像跳大神的一样，如入无人之境。这时候，他的一只手像铁夹

《朝露》　国画　黄永玉作

一样，青筋怒张，把那木板挤在工作台挡头前，纹丝不动。另一只手紧捏住刀颈，细细的木花随着他手的节奏唰唰地飞出，简直比杂技还动人心魄。

好在我们这些孩子，别的时候一个劲儿犯浑，可是一看到大人开始创作，就立马安静了。大雅宝的孩子从小都受过这样的训练，可是其他的大人画画根本不愿意让我们在旁边儿看，也就黄叔叔比较宽大，只要我们守规矩静静地看，他一般不会轰我们走。很多时候，我们都悄没声儿地站在窗户外边看了两三个钟头了，黄叔叔居然一点儿都没在意，可见他在自己画儿里的时候，似乎对周围全然视而不见。要是我们有了响动，黄叔叔才会抬起头来，看见我们会一愣，然后笑了起来。

黄永玉叔叔发现我注意到他画的《雪峰寓言》插图里的茶壶，就是他们家那个用藤根作提梁的茶壶。他很高兴，问我是怎么看出来的？我说："大雅宝全院只有你们家的茶壶是这样的。"确实，黄叔叔家的茶壶让我觉得很奇怪，它是一个接近正圆的扁圆形，下面切去一点儿算是有了底，红釉从上面浇下来，流淌了一半多就凝在那里，一条藤根弯挂茶壶两侧，造型奇绝，色彩姿态都是一流。难怪他借此来做创作的由头，他的题材哪儿抓哪儿有。他刻的《萌芽》杂志创刊号封面那个种花的小男孩根本就是黑蛮，画中小男孩手里的小喷壶，分明是黑蛮每天在院儿里玩的玩具。据说，后来这张版画，成了小学《自然》或《劳动》课本的封面了。

黄永玉叔叔的"么蛾儿子"特别的多。那会儿院子里有了一间空房，黄叔叔就把那间房借来，变成了我们院儿小孩儿的俱乐部，变成了孩子们的会议室。

有一年的大年初二，黄永玉叔叔组织我们院儿的孩子，成立了

《人骂我　我亦骂人》　　国画　　黄永玉作

拜年狮子队。他从湖南凤凰老家带来了一个蓝色的舞狮用的狮子头，形象非常夸张，比北京传统的狮子头更好看、更不同凡响。北京是京城，狮子头都是黄、红二色居多，而这个蓝色狮子头真是如魔如怪，谁看了都会心里“咯噔”一下。

黄永玉叔叔是院儿里拜年狮子队的总策划、总导演。

院儿里的孩子里袁骥高大神俊，由他来舞狮子头。大生子身强力壮，还会折跟头、玩蝎子爬，由他来舞狮子身。沙贝猴精猴精的，他演手持一个绣球用来逗狮子的角色。李燕、小宝、袁骢、沙雷等等文武场伺候，一通敲锣打鼓。黄叔叔知道我会吹笛子，就借给我一根他自己的牧笛。那时国内的竖笛质量很差，一吹就走调。黄叔叔的这支牧笛据说是英国的，吹出来的声音相当悠扬，音准嘹亮。于是我就演那个跑在前面给这个狮子队打场子的。

黄永玉叔叔事先已经和各家都打了招呼，我们从前院儿开始一家一家地表演。其实，我们从来也没受过正式训练。袁骥也就那么两下子，顶多来个金鸡独立。大生子倒是真卖力气，捂在布罩子里一会儿就一身汗，也就他那身子骨，才禁得住这么折腾。他只有在每场最后谢幕时，才出来亮个相。沙贝古灵精怪，一会儿做个鬼脸儿，一会儿来回蹦跳。文武场也特别给力，差点儿没把锣鼓敲碎了。

我们每家演一场。演完以后，小生子、小弟、大伟、毛毛他们就扯开大面口袋，那家的大人就笑着把糖果装到口袋里。那天我们的确有个大丰收。回到我们俱乐部分糖果的时候，孩子们高兴极了，似乎这些糖果是我们卖力气第一次自己挣来的工资。

虽然，我只是个伴奏，但却从心里往外高兴，觉得一切像童话一样，感觉自己就是那个会吹魔法笛子的牧童，走来走去自得其乐。

黄永玉叔叔这管英国牧笛是他珍爱的宝贝之一，他肯借给我真让我喜出望外。一次在我们院儿里的一个晚会上，他要我出节目，我就只好表演了一次横笛。那时，我们学校规定学生都必须参加一个课外活动小组，我就参加了横笛小组。记得那天皓月当空，我演奏的曲目是《小白船》。或许那天的夜空和那个曲子十分贴切，黄叔叔和黄妈妈就记住了那个感觉。

几年以后的一个夏天，我们家和黄叔叔家都住在颐和园里避暑。我家住在石舫那边，黄永玉叔叔家住在龙王庙那边。傍晚，我去看他们并带上了自己的笛子。黄叔叔说："再吹那个《小白帆》吧。"我知道黄叔叔说的是《小白船》，于是我就在龙王庙湖边的落日余晖刚刚收起、山色朦胧之中，给他们再次吹了这支歌。

黄叔叔和黄妈妈说："很好听的，《小白帆》。"

我想那个名字不重要，他们的感觉最重要。我那时住校，每天早上和同学一边起床，一边都齐声朗诵莱蒙托夫的诗句：

创作中的黄永玉

远处白浪滔天，
只见雾海孤帆。
朋友，让我们去远航，
走向海角天边。

这不是学校让我们背的，而是因为那会儿我们正喜欢一本苏联小说《雾海孤帆》，扉页上就题着这首诗。那时，我的心中就一直有那么

2018年5月，中国美术馆“黄永玉的紫砂壶”展会上。张郎郎（左）与黄永玉叔叔（右）

一片小小的白帆在雾中飘荡。

我笑着对黄叔叔说：“这个曲子叫《小白帆》很好，很美的意境。”

多年以后，黄妈妈还说：“一直想写一部小说，就讲大雅宝这群孩子的故事，书名就叫《小白帆》。”还是黄叔叔手快，当年就把这群孩子欢乐的春节狮子舞，刻成了一幅彩色版画，刊登在当时最畅销的杂志《新观察》的封面上。

几十年后，我在普林斯顿大学图书馆的高大书架间，找到了这期杂志。在下午宁静的阳光下，久久放不下这本已经变黄的杂志。看着这幅熟悉的画面，当年的笑声、锣鼓声和笛声，从我心底升起……

搬家的记忆

记得我妈说过：咱们就是吉普赛人，永远在迁徙、永远在搬家。

当然这是妈妈在1949年以前说的。

我倒是很高兴，因为每次搬家就是一个新生活的开始，一定会有好多有趣的事物出现，让你觉得生活就是一个万花筒。而且我们家搬家，总是越搬越好……

在我的模糊记忆里，第一次搬家，是从延安的窑洞里搬到了马背上。准确地说那仅仅限于我爸爸、妈妈，还有我姐姐的搬家。我虽然一度和姐姐分别坐在马背两边的筐里，我也算是在马背上待了一天。也算是有了马背征战生涯的纪录。

但是，第二天，我坐的筐被单独搬到了一匹倔强的驴背上。当我们穿过黄河的支流时，大队人马浩浩荡荡。我坐的那匹毛驴突然无师自通地偏离了大队的方向。它径自走向水深的地方，然后，毛驴被湍急的水流吓呆了，站在那里纹丝不动，大队在继续前进。这时候他们的马也都正在艰难地蹚着水过河，谁都没有工夫去管我。因为随时都可能有人袭击你的队伍，军队迅速过河是千古不变的铁律，小毛驴和小孩儿这时候就随随便便地四舍五入了。

1938年，张仃带抗日艺术队在陕西榆林

可是，我妈妈和我姐姐不是这样想的，但她们又无法下水来救我。据她们回忆，当时挂在驴背筐里的我正无忧地高卧，可能是我的个性天生比较洒脱吧。她们看见在筐边儿上我那发黄的软发上下忽悠，表示我潇洒依然。妈妈说那像希腊神话里的金羊毛，姐姐说像黄土地里的苞米缨子。妈妈和姐姐就大声地叫我的名字，她们看见我伸出一只手挥动一下，表示听见了。姐姐又大声对我说："你打毛驴的屁股，它不肯走了。"我似乎考虑了一阵子，姐姐拼命继续地大声叫着，我这才终于伸出手去打了两下毛驴，那毛驴发觉居然还有人在赶它，毛驴就慢慢地转了回来，跟在队伍后面继续前进，我自然在这韵律的颠簸中，接着进入黑甜梦乡了。

后来过了黄河，穿过硝烟，就走到了白城子。那是我记忆中的第一个城市，大概在那里我第一次吃到了白菜粉条豆腐汤。我觉得鲜得要命，可我爸爸却一口都不吃，他说过去在国民党的监狱里天天都是这一个菜，因此他彻底吃伤了，当时我还想国民党监狱的伙食还可以嘛。后来过了二十多年，等我亲身有所体验之后，觉得三岁时的我判断相当正确。

然后到了张家口，那是个不得了的大城池，可惜不能多待，很快就像小说里描写的一样——落荒而走了。

后来似乎坐上了大篷车，不过不是电影里的布篷车，而是用草席编成的车篷，里面相当的明亮。穿过蒙古大草原到了大沙漠。我不记得沙漠中有过风暴，在我的印象里沙漠总是在黄昏时分，无边无垠单调而纯净。在路上曾遇见过多次"电影镜头"，就像是后来好莱坞多次借用的那种场景。很多人骑马来围攻我们，很清脆的放枪，比马戏团好看多了。我一点儿都不怕，和其他人一起躲在大篷车底下。我老想顺着车轱辘缝隙多看点儿"镜头"。可是大人们老按着

1947年，佳木斯。左起：张郎郎、老爸张仃、姐姐陈乔乔

我的脑袋，等让我爬起来再看的时候，“电影”早完了。那些有枪的人和一些骑马的人已经打完了，玩了个不亦乐乎。为了热闹，那些人临走还不时地扔点儿手榴弹什么的。

在蒙古包里我第一次吃到了酸奶干，也是空前的好吃。不管在哪个蒙古包，事先总安排好至少一个和我争夺酸奶干的蒙古小孩，其实我们谁都听不懂谁的话。还都急赤白脸，但意思都很明白：这些奶干是我的！后来我们也不争了，都飞快地抓来吃。那时我突然明白了，争论“所有权”那是假的，吃到肚子里才是真的。我们的大人和蒙古包的大人们在一边笑呵呵看着我们，他们认为我们相处得很好呢。

不知走了多久，后来像是坐上了巨大无比的火车，以至于此后我每次发高烧的时候，总觉得有个奇大无比的不知名的怪物缓缓向我逼近，也许那就是火车头给我留下的难以磨灭的深刻印象吧。

有一天，等我醒来睁开眼睛，我看见四处都是横的竖的粗黑线条。原来那时候我是躺在一个火车站的无比宽阔的候车室里睡觉，那个候车室的大屋子顶上有数不清的玻璃窗，很多钢架子，似乎有数以千计的人都在这里席地而睡，有人从被子里伸出脑袋，头发乱髭着，眼睛发亮。他们告诉我说：这是哈尔滨。在那里我第一次吃到了咖啡糖。后来不知为什么，我还没待够呢，就又匆匆地去了佳木斯。

在佳木斯，我对那里的印象整个就是一个银色世界，只记得有一位叫罗光达的叔叔。那时候他是东北画报社的社长。常来接我们去看电影，那时候罗光达叔叔很年轻，还喜欢用南方国语唱：“新年乐洋洋。”他把“乐”字唱成“罗”字，我想可能是因为他自己就姓罗。他的司机是个马车夫，因为他的汽车是用马

姐姐乔乔抱着弟弟寥寥和大伟合影

来拉的。我觉得这简直就是非常阔绰，我当时以为汽车就应该是这样的，一种特殊的高级车，动力就应该是马拉的。可惜，后来我再没有见过这种符合环保原则行走的小卧车。

我还记得爸爸每天早上，用斧头劈开冻在窗外的高丽糖，样子与颜色都和木匠用的鳔胶一模一样，可是坚硬无比。我爸爸抡圆了一斧子砍下去才砸出来一个浅浅的白印，第二次再砍下去，才砍下来一小块，高丽糖甜美无比，我觉得比咖啡糖好吃多了。

后来我家又搬回了哈尔滨，我和姐姐都去上学了，我们住在学校里。学校的房子是俄国式的，非常漂亮，听说过去这是俄国公爵还是伯爵什么的住的房子。我们在房子大厅光滑的地板上窜来窜去，我最喜欢在飞跑中突然扑倒在地，可以滑出去好几丈远。闭起眼睛想象自己在飞翔，这个感觉舒服极了，过去从来没见过这么光滑的地面，也从来没有以这种速度“运行”过。

我更感兴趣的是大厅中间的那个绿色的青铜兽头，它有时候会汩汩地往水池里吐水。不过老师一般不会打开那个水龙头，那时候这是很浪费的事情。据说校长叫叶群，但她很少出现。不过，孩子们的消息或记忆你别当真。至少有一半以上纯属是无端猜测。我好像没见过什么校长，根本不记得她长的什么样。姐姐比我大五岁，虽然记得一些名字，估计也都是模模糊糊、稀里糊涂的。

听说因为这房子实在太贵族了，本来是留给当时最会打仗的将军住的。那时候他是东北的首长了，据说他来看了看后，就决定送给我们学校了。我们学校的全名是：“中国人民解放军第四野战军干部子弟学校”，学校里所有孩子的家长们都是当兵的。虽然我爸爸是个画画的，可是那时候无论干什么他都穿着军装。

我和姐姐能有资格上这个学校，就是爸爸军装的功劳，这是

1956年，全家合影。后排左起：张郎郎，陈乔乔；
前排左起：陈布文抱着张寥寥，张仃，张大伟

后来才知道的。那时候我们只知道东北的那位首长说了：这房子应该给孩子们住，我有什么资格住这样的房子呢。

后来我生病了，住进学校里的卫生科。一间病房有两张钢丝床，和我住同病房的孩子叫彭宁，他比我大也比我机灵多了，而且非常大方豪爽。我们俩都是医院要求不准下床的，属于必须“绝卧”的病人。于是，每当护士一走，他就在床上天翻地覆地闹起来，折跟头、拿大顶，玩得满头大汗，然后盘腿坐下来，教我背快板。

快板词是：

谁是我的兵，跟我走，
谁不是我的兵，拿屁崩！

灯不亮，吹大酱，
大酱稀，吹牛逼！

那时，我以为这是彭宁自己编的呢，对他崇拜得五体投地。长大以后才知道，这是古老的儿歌。可这丝毫不影响我对他文艺天才的肯定。果然，若干年后，他拍了一部惊天动地的电影《太阳与人》，据说是讲黄永玉叔叔的故事。不过，不知怎么回事，没让公演。我觉得要是那会儿公演了，他会成为一代大导演。人的命运有时候很奇怪，这是无法预计，也无法更换或重演的。

后来一不留神我们又搬到了沈阳，从哈尔滨坐火车到的沈阳。那天是午夜里下的火车，当地刚刚下了一场雪，人们在站台上一边跺脚，一边嘴里冒着哈气说：“这里真暖和。”我爸爸说：“当然，这里离山海关很近了。”

《苏州留园》　国画　张仃作　1954年

我在沈阳第一次见到了日光灯的白色光芒，那是一天晚上去看电影的路上，经过美国领事馆时，我看到那里的一片白光。好像白天落下了一块儿，让黑夜里独独白了这一片。大家都说："哼，美国鬼子，灯光都这么邪乎。"

在这之前我对美国唯一的了解，就是可以吃到他们的军需品。花生米啦、口香糖啦，印象最深的是像小水桶一样大的暗军绿色的罐头，谁都不知道里面是什么，每家的孩子都排队去领，有的人家运气好，回来打开一看有牛肉干的，也有黄油的。我拿回来的是一桶浓缩柠檬水，那是给一个连队吃一个月的量，我们家兑水喝了一个夏天都没喝完。姐姐的运气比我好一些，她拿回来的是一桶葡萄糖，那应该是给战地医院的。我们就拿它当白糖吃了，以后我再也没吃过那么好吃的葡萄糖。

后来我家急匆匆地就搬到了北京。在火车上妈妈和姐姐在猜新的国家应该叫什么名字，好像居然被她们猜到了：中华人民共和国。

爸爸在前门楼子旁边的车站等我们，居然找了辆马车，和哈尔滨的那辆俄式马车完全不同，是个小盒子似的马车，还挑着一个八角的油灯，马蹄踢踏踢踏地轻敲着北京午夜的马路，我就在梦中进入了北京的第一个家。

这第一个家就是北池子北口草垛胡同十二号的大院里的一个小院儿，大约在那里住了一年多吧，以后我们又搬到了骑河楼斗鸡坑四号去了。

这一切发生不过是短短的三年里，是我从三岁到六岁的记忆。其实从我记忆开始那一刻整个就是眼花缭乱，就像快速倒电影片子差不离，头还不晕，还一直高兴。

1978年，家中。左起：妈妈陈布乔，张郎郎，爸爸张仃

似乎从那时候开始，我总是一个人坐在一个装满零七八碎物品的三轮车上，那都是家里最后收拾起来的可有可无的零星物品。我坐在这些零碎物品中间，和周围的朋友们一一挥手致意。我觉得这简直是一个老电影的经典镜头，每隔不多久，就这样重复一遍。

一次，我和兰兰告别，虽然他比我小一点，可是他似乎是我这一生中第一个铁哥们儿。他跟着三轮车走了几步，似是而非地喊："回来找我玩儿啊。"我说："好啊，好啊。"他还接着挥手，糊里糊涂地喊："别忘了，别忘了啊。"我说："好啊，好啊。"可我心里有些难过地想，指不定还要搬到哪儿去呢。再见面，有那么容易吗。

过去，我在哈尔滨的时候也是这样和徐蔚蔚告别的，他爸爸安林先生和我爸爸张仃是东北画报社的同事，我们两家是邻居。虽然他经常对我以打架的方式表示友好，可就这样我还是依然惦念着他。

后来在沈阳我也是以这样的方式和王小怀告别的，当时我们俩都在北陵大院里的干部子弟小学上学，两家都住在北陵大院儿里面，他们家好像是法院的。他妈妈和我妈妈很谈得来，周末结束的时候，她们相约送我们俩去学校。我们俩就走在前面，一路上我

张郎郎近照

们一起逮蚂蚱，一起向路边的草丛撒尿。妈妈她们似乎对我们这样同声同气，非常认可。我妈妈认为像我这么又蔫又糊涂的孩子，有这么个大胆、淘气的伙伴，也许在学校能有了些保障。

其实，妈妈不知道，我在学校没有人敢欺负我，因为我姐姐不论在哪个学校都是孩子王，我虽然不灵，可是姐姐她永远在罩着我。

两个母亲在后面一边儿散步，一边儿慢慢地谈话。我们俩在前面继续撒欢儿……想想似乎是昨天的事情，可是转眼间大家就劳燕分飞、天南地北了。

我想可能妈妈说得对：因为我们是吉普赛人，所以就得和朋友们不断分手。

张光宇伯伯和《万象》杂志

我爸爸曾对我说，张光宇伯伯的画是最棒的。当年在上海就是他挖掘出来我爸爸的，所以爸爸自认为他是光宇伯伯的私淑弟子。那时候，张光宇伯伯在上海不仅是个漫画家，还是一个出版家，还是上海滩文艺界的头面人物之一。

张光宇画像　　丁聪作

张光宇像

张光宇在家中是老大，画得最好，他不愧为老大，是因为他有眼光，有胸怀，有魄力。他的三弟张正宇也是艺术奇才，同时还是个经营人才。二弟小时候过继给舅舅家所以姓曹名涵美，他画的金瓶梅插图现代版至今看来还是那么惊人的绚丽。

张光宇伯伯家兄弟三人的优势凝聚在一起，充分发挥了商业效益。20世纪30年代，光宇伯伯和纨绔子弟兼艺术家、诗人邵洵美合作组成了时代图书公司。邵洵美也是画家，他家和他太太家都是祖传的巨富，喜欢搞出版，所以理所当然地当了老板。经营不善那是一定的，但他至少过了把大瘾。玩文化和玩别的大不相同，起码给我们留下了那一段上海的摩登文化。

于是，光宇伯伯当总经理，曹涵美先生和正宇伯伯当副总经理，这就是20世纪30年代红火无比的时代图书公司。这家公司在鼎盛时期同时出版过五大杂志：

一、林语堂主编的《论语》

二、叶浅予主编的《时代画报》

三、鲁少飞主编的《时代漫画》

四、宗惟赓主编的《时代电影》

五、张光宇主编的《万象》

《万象》杂志非常超前、非常摩登，给人们留下闪光的印象。但后来没钱办了，停刊后一段时间，胡考先生复刊了一次，只出了一期，照样摩登。

再以后同样名为《万象》的杂志则由柯灵先生来主编，还刊登了以后名声了得的张爱玲的作品，当然那是后话了。

张光宇与“万氏兄弟”万籁鸣和万古蟾合影

目前知名度很高的藏书家姜德明，他对以《万象》为名的杂志颇有研究，他在《万象闲笔》一文中这样记叙：

> 最早用《万象》的是抗战前张光宇、叶灵凤在上海主编的《万象》杂志，八开本，图文并茂，共出了三期。稍后，画家胡考又编了一种十六开本的《万象》，也是图文并茂，可惜仅出一期而终。抗战胜利后，画家王子美在成都主编了《万象·十日画刊》，十二开本出版了五期。《万象》其名竟能引起这么多人的垂青，此亦文坛上的一段佳话也。

现在辽宁出版了《万象》杂志，据说也是一种复刊的意思，居然还请了哈佛的李欧梵教授与尚在人世的柯灵先生当顾问。李教授最近出版的《上海摩登》一书，就是叙述那个摩登时代的摩登文化。其中以《万象》等杂志为例。但似乎现在的这本杂志，和原来那本没什么关系，也许有一星半点承传的意思。大约是超越了。时代不同了嘛。至于是否可以称得上如今的摩登和幽默，那就见仁见智了。可能标准不一样的，人们的口味也不同了，不变味也不行。我只能说今天的《万象》在当今中国无数杂志中还算是不错的佼佼者。

关于辽宁出版的这本《万象》杂志，姜德明先生作了这样的描述：

> 辽宁教育出版社主办的《万象》杂志，已经出版到第二卷第九期，引起读者的兴趣。我也喜欢这刊物。编者尤重版式和插图更合我心，这才是办刊的正途。编刊物不用心经营，能不愧对读者吗。《万象》的开本略呈方形，显然这是沿用20世纪40年代柯

《万象》杂志第1期封面

《神笔马良》组画　　张光宇作

《大闹天宫》孙悟空　张光宇作

《巨灵神》　张光宇作

张光宇在作画

灵先生在上海主编综合性文艺刊物《万象》的形式。这种开本，久违多年，骤然一见，生面别开，莫怪最近山东画报出版社创刊的《成长》丛刊，亦取这种方形小开本。以前他们还出版过十六开本的摄影选刊，刊名也有《万象》两字，可见当年《万象》影响之深。

姜德明先生对书籍的版本、装帧都有独到的见解。可能有些忽略，在20世纪30年代，张光宇先生主编的三期还不是这样的开本。但是到了胡考先生主编的《万象》似乎就使用这样的开本了。或许到20世纪40年代柯灵先生主编综合刊物《万象》就确定了这样的开本。姜先生认为1949年以后，一直没有人用这个开本。直到现在《万象》复刊才有人开始再用。其实在20世纪50年代，张光宇主编的《装饰》杂志，就已经在用这样的开本了。

现在的人们学会了这个老摩登的开本，出版了现时代的《万象》。然而，无论内容还是形式与当年的《万象》相比，都大有风马牛的意思。有人断言中国人的智商在商业怒潮中不得不一再提升、精锐。或许正因为如此，幽默和闲适的感觉似乎渐渐隐退了。或许这也不过是一种合适的解释罢了，现在办刊物的人自有其难言的苦衷。所以只能有限地摩登。

据说北京现在出现了“波布”一族，就是波西米亚+布尔乔亚。在有钱、有闲之后，慢慢练习优雅，体会幽默。如果他们真有眼光，应该找来20世纪30年代的这些上海滩玩主的杂志，细细琢磨，真谛在其间。

当年我爸爸刚从反省院出来在南京、上海一带奔走，给各种媒体投稿为生，曾先后给张光宇先生办的《上海漫画》和鲁少飞主编的《时代漫画》投稿。那会儿张光宇、叶浅予、鲁少飞在上海已经红极一时，而我爸爸还是上顿不接下顿的半个投稿人+半个流浪汉的状态。他最后斗胆投稿给这些杂志，有一成是想看看自己到底画得怎么样，有九成是想碰碰运气，得知道知道艺术竞技场到底有多高，那里的水到底有多深。

一天他在大街上看到新出版的《上海漫画》，打开一看以“名家精选”的栏目彩印的插页，居然是自己的作品。我爸爸当时脑瓜就“嗡”的一声，立时就愣在那儿了。据老人们回忆，张光宇在接到我爸爸的投稿时，他也是“哇”的一声拍案叫绝，对画赞不绝口，引为同道。叶浅予回忆说：“那时的张光宇兴奋得无异于发现了一个金矿，但可惜这位投稿者居然没有留下地址。”

我爸爸连通信地址都没敢留，是因为自己看到过张光宇先生的画，完全佩服得五体投地，投稿也是一种崇敬的表达。张光宇先生决心要召唤这个无名同道，就不惜血本精美印刷，出了这个插页。这就是当年的伯乐豪情。

我爸爸跑进张光宇先生办公室的时候，就好像在梦境中一样。光宇伯伯哈哈大笑说：“啊！原来你这么年轻啊？”

从我爸爸一口气跑到张光宇的办公室那天开始，就注定了他一辈子打上了艺术大儿童的烙印。就是这样他们把我爸爸带入了上海滩的艺术大潮中。那时代人们都如此天真，提携后进竟然没有一点私心。

我们院儿——大雅宝胡同甲二号

大雅宝胡同甲二号这个院儿，我估计过去应该是大雅宝胡同二号的偏院儿，歪歪扭扭地紧贴着二号院的东墙，墙西边那才是正经八百的大宅门，那是个真正两三进的四合院，门口还有上马石，古时候肯定是个京官的宅院。

我们院儿是一溜四个大小不一的院子，院子的后门是小雅宝胡同六十六号。前门是个刷了红漆的铁皮小门，门上密密麻麻地钉满了小洋钉。门框上钉着个一尺多长、一寸来宽的木头牌子，上面用毛笔写着“中央美术学院宿舍”。字字还透着那么股子苍劲，真不是闹着玩的，有人说那是李苦禅先生写的字。其实这院儿无论是谁写，要是搁在今天那字都能刻碑。后门什么牌子也没挂，好像就是一个小小的黑漆门。

这四个院的官称为：前院，小院，中院，后院。

前院儿有四家。

门洞儿里第一家有三个孩子，老大是个姑娘，比我们大得多，好像都已经上高中了。大儿子和我差不多大，大名叫赵春生，可比我壮得多。小儿子叫赵福生，个子很小，是个小机灵鬼儿。他爸爸是我们院儿的门房老赵，我们都叫他赵大爷。据说过去他当过警察，所

《大雅宝胡同甲二号，董希文家和张仃家厨房小院儿的向日葵》 油画 董沙贝作

以很有管理院子的能力。赵大爷管自己的儿子叫“大福生子”和“小福生子”，可到我们嘴里，就简化为“大生子”和“小生子”了。他们一家四口就挤住在门洞儿里的那间小屋。

和赵大爷家的房子一排的只有南房一间，那是第二家，是李苦禅家的姥姥和小舅舅住着。他们是山东人，李家的孩子称她老人家为老娘，后来才听说老太太姓陆，可是全院儿的孩子就这么跟着叫老娘，很少有人提到她的尊姓大名。渐渐的，全院儿的大人小孩儿都学着各家习惯的称谓，作为这个人在这个大院儿的官称了。

拐到西房才是李苦禅家的正屋，典型的北京住家的摆设：挂着一轴中堂，两边有对子。八仙桌必不可少，连掸瓶都齐全，擦得锃

李苦禅与夫人李慧文一起作画

李苦禅画作

亮。当时李苦禅家有两个孩子，老大长子叫李燕。我嬢嬢说李家妈妈当年铁定是个美人，所以李燕从小就细皮嫩肉，眼睛很秀气，天下的事情，那会儿他就知道一半了。我记得似乎李燕的大妹那时候就叫小妹，李燕的小妹妹李健是后来才出生的。李苦禅先生家里有金钱豹使的带"哗哗"乱响钢圈的钢叉，还有闪闪发光的关公青龙偃月刀，墙上挂着李苦禅先生扮演的《金钱豹》剧照。

李苦禅家还有日本出版的动物珍禽图集，李燕告诉我，你知道沙贝为什么叫"沙贝"吗？你看这就是出处："沙背罗纹鸭。"

李燕的小舅舅大名叫李慧光，后来回想起来小舅舅还真是个美男子，而且非常聪明，经常"语不惊人死不休"。我们跟着李燕叫他小舅舅。那会儿小舅舅的主要活动是和我们一起去看绘画展览，有时候和我们一起在胡同里踢球，后来小舅舅去中央美术学院附中教数学了。我那时候在北京男四中读书，疯狂地喜欢上几何课，自己还跑到书店去买了一本苏联罗巴切夫斯基的《非欧几何学》，因为那时候北京已经不卖黎曼的几何书了。

我和小舅舅有时候就在一起琢磨几何的各种求证题目和作图题目，等小舅舅到中央美术学院附中教数学的时候，听说他经常拿我当榜样来教育他的学生。其实也挺好笑的，他教的学生中间就有李燕、董沙贝、李小可。小舅舅为了激励他们，一说就走了嘴了："你们差远了，张郎郎多厉害。他才用了三分钟就做出来了九点共圆！"老天，就是给我三年时间我也画不出来九点共圆啊。

李苦禅先生原来在国立北平艺专国画系教花鸟，1949年后等待新的教学方针，后来听说被安排在陶瓷科和王青芳先生一起给花瓶上画花鸟。李苦禅先生的夫人是李慧文女士，在"美院"的卫生室当大夫。之后，李苦禅先生所在的陶瓷科合并到一个新的学

1954年，董沙雷（左一）、董沙贝（左三）在院子里玩

校去了，李苦禅先生就一度调到工会去了。工会工作需要李苦禅先生经常到大华电影院或者红星电影院去排队买电影票。

董希文先生家是前院的第三家，董沙贝是他家的长子，也是这个院儿第一个来和我打招呼的孩子。后来，我在大雅宝真正学会北京孩子们的所有游戏，董沙贝功不可没。他虽然人长得黑瘦黑瘦，可是他的眼睛贼亮贼亮的。他的怪招儿层出不穷，难怪从香港回来的黄永玉叔叔送给他一个外号“扭纹柴”。董家长子沙贝的名字大概是沙海拾贝的意思，二儿子叫沙雷，大概是沙漠里一声惊雷的意思。似乎就在那时候，常书鸿先生画了一张很有名的油画，画面上那丛花红得像燃烧的火焰，其他静物仿佛被那花朵吓得绷紧了弦。那画看得我两眼发直，这就是《平地一声雷》。很多年来，我一直以为这是常书鸿先生要让你听一声无声的雷，后来才知道，原来这是那株红花的名字。无论如何，这张画本身也是平地一声雷。后来，沙贝告诉我，其实这花不过就是君子兰而已。董沙雷，白白胖胖，整天笑眯眯的，我们一耍贫嘴他就静静地笑着，比我们老实很多，什么都听他哥哥的，画画没他哥哥画得好，可是其他所有的功课却一直走在哥哥前边。董沙贝这孩子皮是皮了点儿，可是比我细心多了，人缘儿比我也强多了。他特有耐心烦儿陪着院子里老人家们聊天，作为孩子，能有这功夫也不简单呢。

当时，我们就在董希文先生家里画油画，那时候我们院儿谁家都没有画室。董沙贝的妈妈张林英女士，是杭州国立艺专的毕业生，在人民美术出版社工作。沙贝家最大的房间功能最多，是卧室，也是画室，还是我们常去玩耍的好去处。

董希文是法国派的油画家，甚至留过学。在当时，我老爸没有大惊小怪，反倒很好奇，问：“你是从法国回来的吗？”董希文说：“不是，我

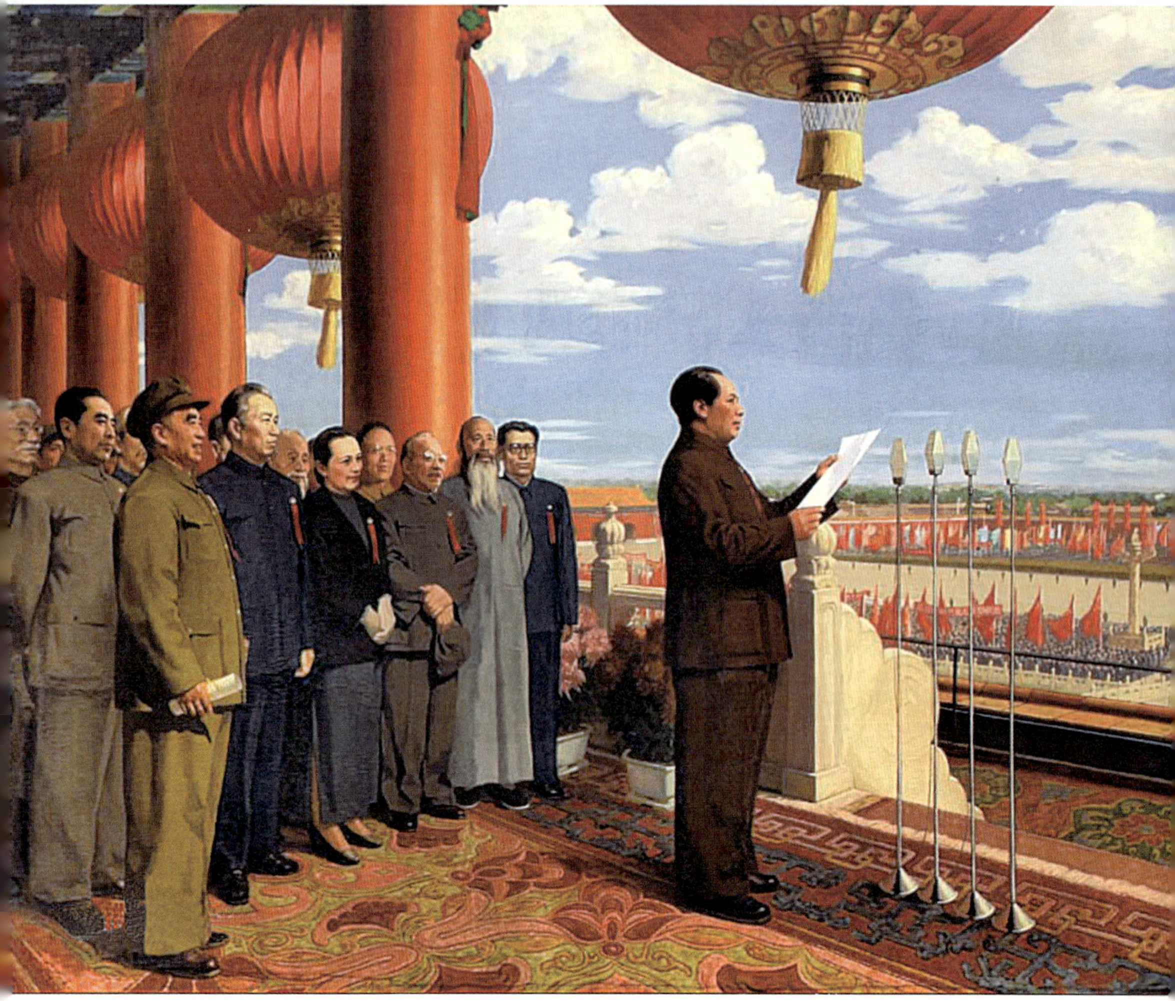

《开国大典》 油画 董希文作

是从敦煌回来的。不过倒是真的曾经向正经八百的法国人学过油画的。”

董希文的确留过学，还真是和法国人学过画，可那是在越南的河内。他在那里学到许多地道的法国油画笔法，或者说他学会了法国油画家的视觉，学到了法国绘画的真髓。如果你看过《印度支那》那个电影，你就会知道当时的越南有多少法国艺术家在那里折腾，有多么浓厚的法国意思。

董希文在北平和平解放之前，就被地下党看中了，知道他疾恶如仇，当然憎恶当时国民党政府的腐败和黑暗，向往一个光明的中国。后来沙贝告诉我，他爸爸当时年轻勇猛，像其他爱国艺术家一样，为即将和平解放的北平刻了宣传的传单。他把木刻的原版揣在怀里混过宪兵的盘查，回到大雅宝胡同甲二号（时为国立北平艺专教师宿舍），用被单遮住窗口，就在自己家里，悄悄地油印传单。那绝对是自愿、自发、自觉地迎接一个新时代来临。

组织上了解他老爸，就请他前去说服留洋回来的名医、当时担任协和医院院长的李宗恩先生留下来不要

张仃一家人合影。左起：张郎郎，姐姐陈乔乔抱着张大伟，孃孃（大姨）抱着张寥寥，表哥伯诚，妈妈陈布文，爸爸张仃

走，祖国需要他，人民需要他。其实，董希文先生并不直接认识李宗恩先生，但是他和李先生的胞弟李宗津都是油画界的朋友。他们俩都是当时油画界有名的后起之秀，才华横溢，是正在冉冉升起的明星。

可以想象，北平当时剑拔弩张，董希文先生冒着极大危险单枪匹马远赴燕京大学，就为说服李家兄弟留下。董先生可谓一片丹心，当时他究竟说了些什么话，我们就永远不得而知了。但结果是我们清清楚楚知道的，李宗恩一家，李宗津一家，都因此留在北平不走了，他们没有像另一些同样留洋回来的读书人那样匆匆南下。

北平恢复为北京之后，董希文先生也就名正言顺地从国立北平艺专变成中央美术学院的教授了。他的夫人张林英女士，就在当时的出版总署做美编。出版总署后来分成了两个出版社，一个是人民出版社，另一个是人民美术出版社。

我还记得，那个时代全国最重要的出版物就是《毛泽东选集》，在延安时期就已经有了延安版和东北版了，因此在新中国成立初期需要出版最新的北京版《毛泽东选集》。当时，爸爸就拿回来刚刚烧制成的毛泽东主席的侧面肖像，据说那是王朝闻先生的大作。可以说，毛主席的塑像，从艺术性上来说，又上了一个台阶。人民出版社就用这个浮雕，作为《毛泽东选集》的封面图，封面是淡黄色的底色，中间放着这个侧面头像。董沙贝说，这是所有同类书里，最优雅的一种版本。

第四家就是我们家了，也就是我爸爸张仃的家。

虽说我家占了北房，但远不如原来住在斗鸡坑时的房子那么有排场了。我们家紧挨着沙贝他们家。他们家的餐厅和我的卧房，中间只隔着一面许多格子的大玻璃窗，估计这些房子过去都是一家人的。我的床就紧贴在这面大玻璃窗旁边，虽然玻璃上边都糊了白纸，但他们家吃饭的香味照样一点儿不糟蹋地全飞了过来，他们聊天的声音也照样欢天喜地飞过来。到了晚上，他们哥儿俩的影子，就在我床旁边的窗户纸上演出大型“皮影戏”。我要是高兴就和他俩打个招呼，有时候也贫两句，但多数的时候，我们有话还是到院子里见面细谈。一窗之隔，两个天地。

我家姐姐乔乔到中国青年艺术剧院儿童工作队上班去了。她是从北京育才小学直接报名去的，那时她小学还没毕业呢，居然就去上班了，开国初期什么奇迹都有。我哥哥耿军那会儿还没找到，不知道他在哪里呢。过了十年以后我才知道，他那时候在四川雅安。于是我就名正言顺地继承了哥哥的大名，就叫这个张郎郎了，在家

20世纪50年代初，李小可（左）与董沙贝（右）的合影

2018年，李小可（左）与发小儿董沙贝（右）的合影

里暂时权充长子。

我还有三个弟弟：大伟，寥寥，沛沛。那时候沛沛还没有出生，舅舅家的两个孩子还都住在我们家，那就是我的表妹陈天玲，表弟陈天明，平常就叫他们玲玲和明明。现在想来，我们家搬来最晚，住的却是全院面积最大的房屋，这大概和我爸爸穿过军装有关系，也大概和我们家的孩子实在太多了有关系。我妈妈那时候胆子真够大的，后来才知道，她是不能不管的。因为我舅舅在那个混沌初开的年代，属于另一个阵营的人，形势所迫，不得不和许多人一起到青海去研究高原垦荒。由解放军照顾他们，他就无法照顾这些孩子了。妈妈只好把他们全接到我们家来住。

爸爸张仃作为一个延安人到中央美术学院的时候，我想老爸的心情肯定非常复杂，一定是百感交集。两个角色实在让他困扰，使他茫然。一会儿他是革命战士，一会儿他是个崇尚现代派的画家。不同的角色要求他说着不同的话。难怪后来他的助理教授王鲁湘就写下了，关于老爸的红与黑的交集、纠结与互补。

那个时代许多新派画家、文学家，就觉得自己天生是个革命者，毕加索是共产党员，法国诗人艾吕亚也加入了共产党。可见艺术的革命和社会的革命是一致的，这的确是一种天真的历史误会。

小院是我们家的后院儿，有我家的一间卫生间、一间厨房，还有一间小屋，住着我们家的阿姨和董希文家的阿姨张大娘。后来，他家又换了王大娘，王大娘更是个人物，是个地道的老北京，心直口快，刀子嘴豆腐心，一句话能把你噎到南墙根儿底下去，再一句能把你从西墙边儿上拽回来。听说，董沙贝见样学样，老爱学她说话，学着学着就变成自己的话茬儿了。

1949年以前，北京的老话管她们叫“老妈子”。1949年以后人们按照新说法，都改叫她们“阿姨”了。后来我家的阿姨走了，玲玲就先后和张大娘、王大娘住在那间小屋里。有时候她弟弟明明也搬过去住，有时候我们家又来了什么亲戚、客人，需要借宿的话，也会挤住在那间小屋。有一次在春节的前夕，我表弟明明在被窝里偷偷地燃放了一种叫作“耗子屎”的烟花，点着了以后，那玩意儿就嗖嗖猛转、四处乱窜，结果把他自己的被窝和张大娘的被窝都给点着了。幸亏他们三人还都没睡，昏天黑地战斗了一番，终于乌鼻青眼地把火扑灭了。

中院，我家刚搬去的时候不记得有谁在那里住，大概正好是空着的。后来我记得搬来的是两对儿国际伴侣。你想想20世纪50年代的北京，胡同里的外国人比熊猫还少。

一对儿是一位朝鲜女郎嫁给了捷克斯洛伐克的贝亚杰先生，他在中央美术学院学版画。另一对儿是北京美女宋怀桂女士嫁给了保加利亚的万曼先生，他在中央美术学院学实用美术，后来就专门设计和制作壁挂。万曼先生正好是我爸的学生。这两对儿一搬到我们中院儿，整个院儿里就轰动了。你可以想象，贝亚杰原来是捷克的国家足球队员，在北京胡同里玩大号摩托。宋小姐原来就是中央美术学院的校花，穿着月白色的布拉吉（连衣裙），梳着一条漆黑的大辫子，雪白的高跟鞋“嗒嗒嗒”清脆悦耳，飘逸而过，我们这群院儿里的孩子们顿时“两眼昏花”。

那会儿领着我们在胡同那三尺浮土里踢足球的，就是李燕他小舅舅李慧光。他小舅舅那会儿年轻气盛又爱开玩笑，他经常用低沉的声音缓缓地说道：“挺胸叠肚，昂首阔步，自以为保加利亚夫人……”他那逼真的模仿让我们乐不可支，齐声叫好。

北京孩子只要一块儿起哄，真是“卖药糖的吹喇叭”——没

黄永玉与万曼两家人在大雅宝院内的葡萄藤下合影。

前排左起：黄黑妮、黄黑蛮；

后排左起：黄永玉、张梅溪、宋怀桂抱着女儿宋小虹、万曼

谱儿。李慧光这回可真是属于“高级起哄”了。我们全体立刻学会并背熟了他的这句“名言”，而且，还得用他那正宗济南腔才够味儿。

那会儿我们认为，除了中国都是外国。苏联是天堂，保加利亚是天堂的“接壁儿”。自此老远见到宋小姐的身影出现，就一块扯着嗓子起哄：“呦，呦，蛤蟆咕嘟！”她那条黑亮的辫子，从后面看，绝对是一个大蝌蚪。其实我们心里很清楚，人家就是好看。

后来一不留神，宋小姐从医院抱回来一个洋娃娃。我们全放下手里的玻璃球、洋画儿，用小脏手抹一把汗，静静地凑过去看。全傻了眼了，那洋娃娃是活的，小脸儿白得气死牛奶，比她妈妈还好看，好看得让人喘不上气儿来。

我们一下全变乖了，那会儿也住在后院的孙克一的妈妈负责打理这个洋娃娃，这娃娃就叫宋小虹。我们有事没事就往孙家跑，看娃娃去。我们一会儿摇拨浪鼓，一会儿用哗啦棒槌逗她乐。她乐了，我们跟着傻乐。她一哭，我们立马开溜。

若干年后，宋怀桂从法国回来。沧海桑田，她和万曼早就移民到法国去了。这回她是以北京第一家法国餐厅——马克西姆餐厅总经理的身份回来的，万曼和杭州的中国美术学院合办了一个壁挂工作室。宋小虹和宋小松姐弟俩也回到了北京。那时无论是在双榆树侯德健、程琳的小屋去凑份子做饭，还是到钢琴高手陈达、高鸣鸣那里去喝酒，甚至和瞿小松、刘索拉侃山，我和宋小虹都是出双入对。我总是神聊海吹，她总是在一边温温地笑。

我见过的最有趣的晚会

20世纪50年代，解放军进城以后，带来了一个在解放区时流行的晚会模式。几乎每个单位，每个集体，每个节假日，每次运动都一定有晚会，都有演出。

我们住大雅宝那时候，院儿里的大人小孩儿都是晚会迷。

每逢节假日，孩子们都四处乱窜，参加各式各样的晚会。我最喜欢的是中国青年艺术剧院的晚会，那里的节目表演者都是专业演员，他们的节目精彩纷呈。

像吴雪伯伯、雷平阿姨等等都是从延安青年艺术剧院来的，也是我爸、我妈的老朋友。我姐姐那会儿就在中国青年艺术剧院的儿童工作队当演员，晚会上她就扮演个“白雪公主”什么的。因为姐姐是个奔儿头、窝窝眼，所以她化装成外国人很容易。我爸当年也在延安那个剧院演出过，他演的就是苏联名剧《第四十一个》里面的那个“蓝蓝眼睛”的白俄军官。所以，中国青年艺术剧院是我们看晚会的主要据点儿。

中国文学艺术界联合会的晚会，也是别具一格。我喜欢去是因为可以见到老舍、赵树理等我最喜欢的作家，还可以看到他们本人表演的节目。虽然在那儿可以见到许多当时最有名的作家，

20世纪80年代，老艺术家合影。左起：郁风、林风眠、张仃、黄苗子、罗孚

但是，他们的作品都没这两位叔叔的节目好玩。可不是嘛，小孩就喜欢有趣的东西。

不过，我记得最后的那一次，好不容易盼到老舍先生出场。他高高兴兴地朗诵了自己的诗作，好像是在歌颂北京的春天什么的。我本以为他要说段单口相声或者唱段儿鼓词，那才会精彩。听他念这种不像他风格的诗作，这一直是郭沫若老先生的活儿啊，有点儿失望。他是真心希望和大家一起高兴，但不知怎么回事儿，我总觉得什么地方有点儿拧着。

赵树理倒是自己打鼓，还唱了段山西梆子，真是土得掉渣儿，但是非常有味儿，和他写的“李有才”差不离。

中国美术家协会的晚会，也是不错的。你可以看见郁风阿姨在那里翩翩起舞，她在舞场上绝对是个高手，不愧是郁达夫的侄女。在《东北画报》当过编辑的赵域叔叔，在东北时就喜欢我，这会儿他是北京艺术学院的领导，娶了当时最漂亮的油画家邵晶坤，据说是中央美术学院“四大美女”之一。在这种晚会上，她就相当地打眼，光芒四射，吸引着周围如炬的目光。

我们孩子最喜欢的项目还有猜灯谜，一来可以练练手，二来可以得到很多奖品。

对我们来说，中央美术学院的晚会，是每次必到的。那时候，中央美院的学生风华正茂、才华横溢，他们的节目虽然不如“青艺”的那么专业，表演者也没有“文联”的那么大的名气，但是他们的想象力却使你无法忘记。

我忘不了那个晚会上演出的雕塑剧《世界美术全集》，油画系的学生们自己化装成国外油画名作里的人物，然后用灯光一打，简直就是油画放大的立体版本。

当然，俄罗斯画家列宾的《蜻蜓姑娘》一画，画面比较简单，因为只有一个女孩子，但是他们设计得非常别致。在那灯光下的少女，就和原画中一样，阳光从前面给她镀上了一层金光，而且是跳跃的阳光。她在遮阳帽下悄悄地凝视着你。突然，有人在幕后喊叫一个俄国姑娘的名字："卡佳，吃饭了！"那个画中少女一下从画框里跳了出来，清脆地回答："别嚷嚷了，我来啦！"大家哄堂大笑，因为那个已经让我们误以为是俄国少女的姑娘，突然来了一句地道的北京话，笑得我昏天黑地。

真正震撼大家的是这个节目的最后一张画《伏尔加河上的纤夫》。他们把整个舞台变成了一张巨幅的油画，舞台的四周搭起了油画的豪华画框。这时音乐响起，当然是俄罗斯的《伏尔加河上的纤夫》曲，在乐声中大幕缓缓地升起。简直不可相信，他们完全再现了那个感人至深的画面，全场都惊呆了。一直到乐声结束，大幕倏然落下后，全场静了一下，然后掌声雷动。

现在想起来，美中不足的是，这些油画全都是俄国巡回画派的，居然没有选西欧的任何一位大师的作品。那时候，我们心目中苏联就是天堂，她的一切都是最好的，都是我们的楷模。甚至追溯到历史上，任何东西俄国都是最棒的，所以连他们的文学艺术都是世界顶尖的。

我们这些孩子，哪里知道这些，那时已经看得眼花缭乱了。我们当然不知道，和我们一起看节目的董希文先生、李宗津先生、艾中信先生、吴作人先生等受西欧油画熏陶多年的艺术家们，对俄国艺术突然变成了唯一的高峰会作何感想。

休息之后，就是中央美术学院每年都有的保留节目：大马戏团。

忘不了陶瓷科的学生梁任生他们表演的骑驴射箭，开始在悠扬的陕北民歌中，一位身着蓝花布小袄、夹个小包袱皮，典型的陕北妇女骑着毛驴回娘家，当然毛驴也是人扮演的。

那个妇女射箭，只用一个空弓。箭靶就在舞台中央，那个神箭手只需左右开弓，比划一通。在急促的鼓点下，手起弓响，只见箭靶中心已经有支神箭中的。我们乐不可支，当然那些箭都是从靶子后面反穿出来的。射箭的人当然也要使尽浑身解数，什么鹞子翻身、金鸡独立云云。明明是假的，看着还是精彩。看来这种马戏团，不在于功夫，而在于设计和感觉。

我们也不会忘记蔡亮、李鸿仁两个人扮演的小丑，笑料不断。他们俩的高难度杂技是靠道具作怪，最后都是自己故意露馅儿给观众看，博得一片哄堂大笑。从那时候起，美院学生制作道具的手艺就是精益求精、日新月异。

还有一位被人们叫作“大象”的学生，我想他大概姓向。他为了这个节目剃了个大秃瓢，上身穿一件白色密门紧扣练家子的小褂，下身是黑色灯笼裤，脚下一双踢死狗的双梁洒鞋，手里举重若轻地忽悠着一个青花大坛子，口中念念有词：

诸位看官，练好了就是张飞骗马，练不好了就是大毳花坛！

说时迟，那时快，他挥手一抡巨型的青花坛子，就听“嗖”的一声飞上天，几乎撞到了礼堂的天花板上。全场“啊”的一声整齐的惊呼。只见那坛子急急地落下，“大象”轻描淡写地伸手一抄。你瞪眼一看，那坛子已经稳稳地接在“大象”手中了。后来才知道，那个坛子原来是他自己用纸浆做的，自己画的青花，最后刷上了清漆，在灯

《马戏团小丑》 油画 张郎郎作

光下宛如一个真正的青花瓷坛。

教授《艺用解剖学》的文金扬教授表演的是锯琴独奏，玩这个还真不容易，我们猜他上大学的时候一定是个玩家。不知他什么时候，在哪儿练就了这么个绝活儿。他用宽齿的大号手锯当琴，用小提琴的弓子来拉。谁都没想到，他用这木工工具，能演奏出那么优美的古典音乐。他的儿子文国璋和李燕差不多大，晚会上也经常能碰见，他挺绅士的，不像我们这帮孩子那么淘气。

我们大雅宝院儿里的教授们似乎都比较腼腆，在院子里还偶尔露两手，可在“美院”历年的晚会上，从没见过他们的身影。

只有李苦禅先生的功夫一直没撂下，他老有机会去演出。我们这些小孩看的机会就多了，李苦禅演金钱豹那会儿，还威风凛凛着呢。到后来，有一次春节除夕晚会压轴的节目是李苦禅先生的京剧《黄鹤楼》，他老人家扮演赵子龙。我记得他过去是唱铜锤的，这会儿怎么来个大靠武生？不过我是个京剧外行，也就是看个热闹吧。

后来的细说，都是黄永玉叔叔的段子。

据说那天齐白石老先生也到场观看，我们院儿两个姓李的教授都是他的入门弟子。他喜欢苦禅伯伯的豪气冲天，也喜欢可染伯伯的含蓄内敛。今儿就是来看苦禅伯伯演出的。

好家伙，那天李苦禅先生扎上了全套大靠，白盔白甲，英气逼人。等急急风响起，“赵子龙”碎步紧捯一圈圈儿地过场。噔不楞噔仓！亮相！他老人家是高底粉靴外加全套重靠，这会儿已经让他七荤八素、上气不接下气了，定相之后，该朗声报名了，他就用京剧道白喊道：啊！啊！常，常，常，常……就没有下文了！

齐白石老先生第一个哈哈大笑，然后学生、老师以及我们这些孩子全体前仰后合，有的孩子捂住肚子笑得打滚。苦禅伯伯的戏至少起到了师生同乐的目的，我们大家皆大欢喜。

那时候，许多晚会结束的时候，都是大人孩子一路走回大雅宝。虽然已经夜深人静，我们前呼后拥，从校尉营穿过煤渣胡同。在月光下，话语轻轻笑声高。在无量大人胡同的路上，李可染伯伯还比划着刚才他的师兄苦禅伯伯拉开架子那句脍炙人口的台词：

啊！啊！常，常，常，常……

走到什坊院胡同口儿的时候，苦禅伯伯说："今晚幸亏没演《武松打虎》，真要演那出戏，就变成老虎吃武松了，哈哈哈……"

等我们这些人回到大雅宝的时候，已经晚上十一点多钟了。这会儿也不睡了，因为反正再熬一会儿，就算是守岁了。

前院儿的沙贝拿出了"老头呲花"，小宝说："咱们都集中到中院儿去放。"各家的孩子都捧出来各种节日的花炮，跑到中院儿去。当十二点的钟声响起的时候，最大的"老头呲花"就喷出来灿烂的万点金星。

我们几个孩子从那焰火上窜来窜去，笑声不断。那花喷到最后，火花渐渐萎缩下去，火口渐渐发暗，最后火花没了，断断续续地吐出几下蓝色火苗，临了临了，还喘一两口气，才蓦然从活物变成了静物……院子里却依然弥漫着淡淡的火药芬芳。等我们把买来的各种花炮都放完了之后，就该拿出我们珍藏的自己做的"老头呲花"来放。

听说我们要放自己做的"老头呲花"，黄永玉叔叔半信半疑地也跑来看。这花是董沙贝、董沙雷、小宝和我做的，当然小生子和明明也是我们的志愿军。我们几个月来天天到城墙根儿下，用小刀刮下来不少硝，慢慢积少成多。我们还到城外豁子的垃圾场捡回来那些废弃的电线杆上用的绝缘瓷瓶，敲开那些瓷瓶，里面有硫磺。

李苦禅（右）、齐白石（中）与原和平画店经理许麟庐合影

在董沙贝哥儿俩的领导下，我们还一起烧出了少许木炭。然后，我们小心地把这些原料研磨成细料。我们再找来墨水瓶或者墨汁瓶，把这些料灌进去，再用胶泥把口封上。

这会儿把自制的宝贝拿出来，我们紧张得要命。在瓶口的胶泥上捅了一个小洞，从炮仗上拔了一根捻儿塞到那个小洞里。小宝点着了那个捻儿，啊！我们自制的"老头滋花"滋出了金光万道，虽然不如买的花呲得那样高。但是我们觉着还是自己做得更好。我们也在这金黄色飘动的幕墙里窜来窜去，好像孙猴子在出入水帘洞。大伟、小弟、小崽、毛毛、寥寥这些比我们小一拨儿的孩子们，也都兴奋无比，跟着我们一起跃起穿越火墙，欢笑不断。这些小孩子对我们简直就是崇拜了。我发现这道金色的幕帘不会伤人。黄叔叔一边嘬着他的烟斗，一边笑呵呵地说："你们这些孩子真不简单啊！什么都敢做，什么都会做，真能干啊！"

这些关于晚会的往事，在以后每次开春节晚会时，我们都会自然而然地想起，尤其是李苦禅伯伯扮演"赵子龙"的那句台词、那个场景，我们每个人都会止不住地哈哈大笑起来，渐渐地我们笑出了泪花。一切似乎是在昨天，又似乎是在上辈子……

我“游荡”在大雅宝胡同的周边

我们大雅宝的孩子们本来的活动地点主要在大雅宝胡同一带，偶尔远涉到北总布胡同、孝贤碑胡同。

我去北总布胡同是因为那里有我朋友的家，那就是艾端午家，他爸爸就是和我爸当年在苏州反省院的难友——艾青先生。艾青当时是一位著名的诗人，我爸爸对艾青的诗非常地推崇。

我在小学三年级的时候，同班同学王瑞芳的爸爸调到重庆去了。当时，我们俩是学校里的铁哥们儿。我就写了一首诗：

> 我的朋友王瑞芳，
> 告别北京去了嘉陵江。
> 嘉陵江上一片雾，
> 遮住他我眼前路。
> 尽管我们见不到，
> 心中的感情山高水长也挡不住。

我在班上一念，立马轰动。大家开玩笑地叫我小诗人，我不免得意洋洋，回家就把这个故事告诉了我的父母。等我一本正经地把

20世纪80年代初，张仃（右）与艾青合影

自己这首“诗”读完以后，妈妈说：“孩子，你还不懂什么是诗。”我本以为会得到他们的夸奖，没想到却是这么当头一棒。

爸爸居然在工作那么忙的时候，有一天，专门还想着找出一个厚厚的本子。那个本子里都是淡黄色、薄薄的毛边纸，然后用细细的麻线装订起来，封面是用浅灰色的细帆布制成的。

爸爸告诉我，这是他在延安时自己做的笔记本，里面都是他和妈妈自己抄写的最喜欢的诗。他轻轻地翻开那快成为古董的笔记本，给我找出来一首艾青的诗，轻声地读给我听。那诗从头到尾就是讲述一个小号兵，每当他吹响嘹亮的小号时，感觉得到号声中已融入了淡淡的血丝。当他被子弹射中以后，他倒在了地上，可是在他锃亮的小号身上，映照出冲锋的战友和招展的胜利旗帜。

我明白了，这才是诗。诗就是另一种童话。

爸爸的那个笔记本里，还有普希金、希克梅特的诗等等。……不知有多少个夜晚，好像那时候爸爸出国了，妈妈就拿出这个本子，轻声地读诗给我听。我每次点的第一首诗，都是希克梅特的诗《医生，我的心不在这里》，他是一个土耳其的诗人，他在监狱里写了这样的句子：

医生，我的心不在这里，
它现在在黄河之滨……

每当妈妈读到这句诗时，声音就哽咽了，我眼里也朦胧了起来。我能感觉到他对中国或者说是对真理的爱，那种爱一直传到我的心底。这种情绪笼罩着我，心里涌起阵阵的热流……对他的诗，对妈妈的朗诵，我百听不厌。

俄罗斯著名诗人普希金

土耳其诗人希克梅特

艾青伯伯可是长得不太像诗人，可能是因为妈妈一直挂在我床边的是诗人拜伦的像，还有后来看到的是诗人雪莱的像，所以我以为诗人都必须长成那样才对，至少也得长成马雅可夫斯基那个样子才能写出诗来。好在艾青伯伯对我很和气，见了我就大笑起来，他说："哈，你长大了，样子还可以嘛。"在延安的时候，他说话又幽默又刻薄。我哥哥小时候又白又胖，艾青伯伯就给他起了"吧啦咋、吧啦咋，煎鸡蛋"的外号。据说那是来自一个俄国话剧《钦差大臣》里的一句台词。

妈妈把我从医院刚抱回来的时候，艾青伯伯掀起襁褓看了我一眼，那时的我满脸皱纹，他就对妈妈说："布文啊，你抱回来的不是个儿子，是个爸爸。" 说得我妈妈哭笑不得。

看在艾青伯伯诗写得不错的份儿上，这事儿也就算了。后来艾青伯伯也送给我一个外号——"小青蛙"。

我到北总布胡同他们家，许多时候是跟爸爸一起去的，先去看艾青伯伯，然后我就和艾端午去玩儿了。端午的姐姐清明也和我一个学校，清明比我高一年，端午比我低一年，那时候圭圭和梅梅还都小着呢。

有一次，我和端午去放风筝，那是爸爸刚给我买的，很大的一个黑锅底，爸爸又特地给它加了几笔对比强烈的颜色，所以特别精神。端午以为是我爸爸自己做的风筝，因为所有买的风筝都没这么好看。我告诉端午说，这是送给他的，端午高兴极了。

我们又笑又跑，把风筝放到了云霄，可就在最高兴的时候，风筝线断了。我们俩就跟着风筝飞快地跑，结果风筝它老兄不慌不忙地飘进了海军大院。我和端午急着想进去找风筝，结果被大门口站岗的战士坚决地挡住了。端午一看心爱的风筝变成了解放军的"战利品"，

1992年，张郎郎（前）与艾端午在纽约合影

就放声大哭起来。我当时觉得我有责任，就去和那个站岗的战士理论，人家根本就不理我。我只好带着哭哭啼啼的端午回家了。见到艾青伯伯，我赶紧汇报了情况。艾青伯伯无所谓的样子说：“算了，没办法。你们玩别的去吧。”

我本以为艾青伯伯一定会去帮我们要回风筝的，因为那时候他是大名鼎鼎的共和国第一大诗人啊，在中央很受重视的。如果他去要，战士一定会给他的。可是，他根本不理这茬儿。这时候我才知道：诗人也不是万能的。

后来，从延安起就和我爸不断搭档的吴劳先生，搬到了大雅宝胡同附近的小雅宝胡同，我才有时候向那个方向运动了。我会经常沿着这条街走，先去看吴大刚和吴小鹿，他们是吴劳先生的两个儿子。在斗鸡坑的时候，小鹿特别小，好像还不会说话呢。他老戴着一顶很特别的大尖儿帽，给我留下了深刻印象。在北池子那会儿，他们也住在斗鸡坑。他们都比我小，我就是顺便看他们一眼，然后就直奔禄米仓。

禄米仓胡同在我们大雅宝宿舍的后门外，那已然是一条康庄大道了，我弟弟大伟的托儿所就在禄米仓的路南。妈妈没时间的时候，我就会来这里的托儿所接弟弟回家。那会儿我弟弟就喜欢一本正经地看书，老皱着眉头对各种书籍仔细研究一番。他不爱说话，自己搬个小板凳在黄永玉叔叔家的窗下听古典音乐。

一天，黄妈妈看见弟弟自己坐在那儿听音乐，大为吃惊，问：“你听得懂吗？”大伟只平静地说了两个字：“好听。”黄妈妈连忙说：“那你进来听吧。”大伟也不客气，搬着自己的小板凳就坐在黄叔叔家的角落里，自己静静地听起来。这时候要是有人问大伟什么问题，他基本就听不见了，就是听见了，大伟也会疑惑地望着你，也不明白你在说什

现在的禄米仓胡同

现在的史家胡同

么，因为他在音乐里……

黄永玉叔叔哈哈大笑，对我们说："大伟这个孩子像个哲学家似的。"黄叔叔家的音乐在我们院儿是头份儿，那些密纹唱片，黑得像古代美女的头发一样——水光油滑。黄叔叔小心地托起唱片，记得是莫扎特的，轻轻地放在唱机上，再把宝石唱针柔和地托到适当的地方，让它轻轻地软着陆。几乎同时，唱机流淌出了优美的提琴声，仿佛能直接拨动你的心弦。大伟屏着呼吸，死盯黄叔叔的这套魔术。黄叔叔在换唱片的时候，舒了一口气，对我们说："也许你们知道，托尔斯泰说过，音乐就是一个并不存在的回忆。"

大伟似乎此后有了一种特权，他任何时候听见黄永玉叔叔家的唱机响了，都可以静静地走进去，听完后再静静地走出来。

大伟他们托儿所的对门儿，也就是禄米仓胡同的路北，那是一个解放军的被服厂，每天都是大队的汽车从那里进进出出。我小心地避开这些车辆，直接就窜到了南小街。

不知道为什么，我过去的朋友都搬到南小街一带了，我掐指一算还真是不少。禄米仓对面就是干面胡同，往前走不远，就到了东罗圈胡同，从这里可以一直穿到史家胡同。其实，我去看兰兰（鲁少飞的儿子，大名鲁兰成，我的铁哥们儿）不用这么绕远，因为他们家搬到了史家胡同五号，在胡同的东口，我从南小街走可以更近的。

东罗圈胡同里有一个路西的小红门儿，门上有一小块汉白玉的牌子，上面镌刻着"凌宅"两个字，这是我爸的老同学、老难友、老朋友凌子风的家。我爸和凌子风是张恨水办的美术专科学校的同学。当时，我爸个子矮，凌子风个子高。两人谁都不认识谁，但是都知道对方有两把刷子，不是一般人。凌子风当时的名字叫凌飞。一天在校门口，两人"狭路相逢"，都远远地站住了。我爸就大喝一

凌子风像

声:“凌飞!你画得真不错,咱们交个朋友怎么样?”凌子风应声而道:“好,我也正想和你交朋友!”于是,两人就“扑通”一声相对而跪,从此成了把兄弟。

我每次去凌子风家,一定可以看到许多新奇的小玩意儿,那都是凌伯伯自己做的。他个子大心却很细,培植的小植物我都不知道是怎么种出来的。指甲盖那么大的小莲花,开在茶杯大的花缸里。深红色的莲花旁边还有指甲盖儿大小的绿玉般的莲叶。这么奇怪的花卉,我在哪儿都没见过,我甚至怀疑凌伯伯没准儿是个魔术家吧。

他的大女儿梅子和我姐姐差不多大,小女儿桔子个子很高,比学文学的姐姐活泼多了。小弟弟的名字叫凌飞,他比我小。那时我觉得他淘气得很,被爸爸妈妈惯得没形儿了,可是后来在巴黎见到他的时候,他已经变得非常稳重、非常成熟的样子,已经是巴黎的一个成功的摄影家了。

从他们家出来往北走到史家胡同,往东一拐,就是兰兰的新家了。他们那个院儿是个正经的几套院儿。这里是人民美术出版社的宿舍,前院儿住着邹雅先生,中院儿住着方菁女士,还有安静叔叔一家。

安静叔叔原来就在《东北画报》社当摄影记者。我小时候语言有障碍,说不清复杂的事情,就干脆叫他眼镜叔叔。因为他脾气好,我那会儿就老跟在他后面。他很喜欢小孩,也很有耐心,老带着我到处去玩儿,也给我照了不少照片。

我发现安静叔叔也住在这个院子里,喜出望外。可是他现在有了自己的家,已经没工夫陪我玩儿了,但他对我还是那么热情。安静叔叔每次见到我,都要和我聊一会儿,但是我知道他真是没有时间和我聊个没完没了。他的太太小侯也是搞摄影的,那时她主要拍的

20世纪80年代，北京首都机场壁画《哪吒闹海》前，张仃（左）和张郎郎合影

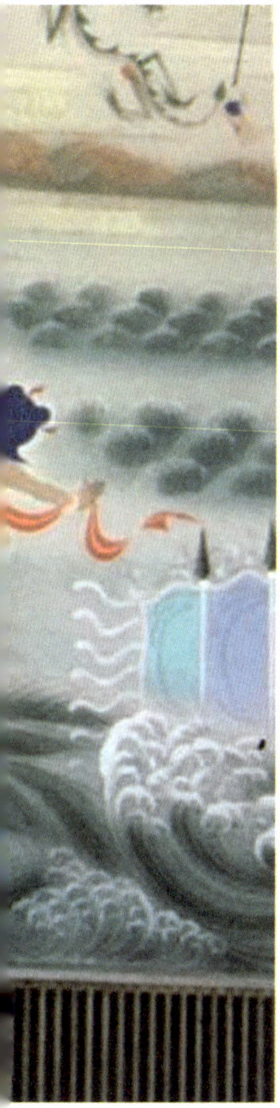

是体育摄影。几年不见，他们已经有了两个女儿，大女儿叫安安，小女儿叫静静。安安的身体不好，行动不便，成了他们的心病。可是安安自己很平静，很愉悦。我和兰兰也常常陪她玩儿一会儿，其实我们男孩子本来就不喜欢和比我们小的孩子玩儿，尤其是小女孩儿就更没戏了，但安安是个例外。

我要上房打枣，还要和隔壁院儿的男孩子打土坷垃战斗。可是如果安安想让我陪她玩儿一会儿，我总会留下来陪她的。我会和她、静静还有来做客的亚男一起玩过家家的。大概我的童年时代，只有和她们一起时才安静过片刻，谁让她们的名字就是“安安静静”呢。

出了史家胡同东口，不远的马路对面就是竹竿巷胡同，听说后来改名叫竹竿胡同了。就在离竹竿巷不远的芳嘉园胡同，一进口，有一个不起眼的坐南朝北的小门儿，走进去第一家就是黄苗子伯伯和郁风阿姨的家。黄苗子先生是个有名的才子，书法家、诗人、画家，他的太太郁风是作家郁达夫的侄女，她自己是个画家。我爸经常和黄苗子伯伯互换图书阅读，我就是那个负责跑腿送书的孩子。

往院子里走，北屋的主人是王世襄先生。黄苗子叔叔告诉我，这位王伯伯是北京第一大玩主儿。人家也玩儿蟋蟀，也玩儿蝈蝈过冬的葫芦，可是人家的每件东西，都把玩多年上了层次啦，就连黄苗子叔叔的那些玩意儿都不敢到王伯伯面前“拔份儿”的。

我们玩的那些，不过只是低级阶段的顽童把戏。不仅如此，人家王世襄伯伯连桌椅板凳一起玩。每次我跟爸爸到王伯伯家做客，事先就会受到爸爸再三的警告："他家随便什么东西都价值连城，你千万要留神，别给人家磕了碰了的。"

我想那里一定和阿里巴巴"芝麻开门"的宝洞一样珠光宝气、五彩斑斓了。可是，到了他家，我举目望去，样样东西都灰头土脸的，看不出一点贵气。他老人家在那里一坐，哪里像个曾经家藏万贯的富家后裔，哪里像学富五车、北京第一藏家、第一玩主儿呢？他讲起话来倒是和蔼可亲，如同一位邻居街坊的和气老头儿。我就纳闷儿，爸爸是不是认错门了啊？

孩子那时候就是两眼空空，即便真的走进阿里巴巴的宝洞里，也照样一无所获。因为压根儿他们就没明白，您至少得有眼力见儿，至少还得带上结实的口袋啊。

再往里走，就是张光宇老先生家了。我们两家搬离以后，爸爸还是经常来看张老先生，爸爸一直把张光宇当作自己的恩师。我每次来看兰兰以后，也会到这里顺便挂角一将。到这院儿里，每次都有所得。这三家总是让你不会空手而归，或者替爸爸背几本画册，或者帮黄苗子伯伯带回我家一函线装书，或者是听几个永铭在心的典故，或者逗几个叫你难以忘怀的逸闻。

唯一让我略略失望的是，临春哥哥现在很少能见到了。他似乎一直很忙，而且他也不再临摹迪士尼的动画人物了。听张家阿妈说，他现在一心研究无线电，而且越钻越深，以后和艺术无缘了。

艺术家们的趣事

李可染伯伯和我爸爸张仃是好朋友。每天早晨他们都相约一起去上班，一路走、一路聊天。他们那么谈得来，我跟在他们后面却完全不知所云，只断断续续地听他们讲来讲去的都是关于画水墨画的事情。

那时，延安时代爸爸的老朋友江丰先生是中央美术学院党委书记，徐悲鸿先生是中央美术学院院长，那会儿无论什么单位都是党委书记说了算。江丰人还是不错的，但是他在上海搞过左翼文化运动，左翼运动的主将鲁迅先生对于京戏、中医等国粹，批评得相当尖刻。鲁迅先生觉得新中国的文化，就是要抛弃这些“日薄西山”的老朽东西。

江丰在美术方面也是如此激进，他认为只有油画才能为新时代服务，中国的艺术也只有年画才勉强可以凑合服务一把。我爸爸那么喜欢刘凌沧先生临摹的《捣练图》，江丰就感到非常奇怪。

1954年，爸爸和李可染伯伯都在中央美术学院的彩墨画系任职，这个系是刚刚恢复起来的。中央美术学院建院的初期，曾经打算干脆取消国画这个专科算了，可后来又决定把油画系和国画系合并为绘画系，另外还有雕塑系和实用美术系，这三个系在当时都能

20世纪50年代初，李可染与夫人邹佩珠在大雅宝院中留影

为人民服务，为新中国服务。

为了让原来画国画的教师们可以跟上形势的需要，将来自己可以画工农兵喜闻乐见的年画和连环画（教学的目的就是培养这样的普及美术的干部），就把他们集中起来在教研组里进修。进修的内容就是让他们画模特儿，画白描，练习勾勒的技巧。在这个组里进修的有叶浅予、李苦禅、王青芳、李可染、刘力上、田世光等教授。当时勾勒课的教学任务，就是明确规定为将来画年画、连环画的线描打基础。你可以想象，画惯了山水的李可染伯伯和一直画花鸟的李苦禅先生这会儿都一起画模特儿，真够难为他们了。当然，这和若干年后，让他们学习耍铁锹、挖渠、平地这些农活儿相比还是要容易一些的。

当时，为了让中央美术学院整体都能更好地做到“为无产阶级政治服务”，那些有造型基础的教授们，也参加到这个活动里。像董希文先生、李宗津先生、蒋兆和先生、宗其香先生等，还去了中南海给当时的全国劳动模范、战斗英雄等样板人物画素描头像。

我爸爸当时和李可染伯伯就是在议论这些问题，他们就是在苦思冥想，如何能走出如今中国画的困境，其实也是在思索如何走出自己艺术的困境。

李可染伯伯是齐白石晚年最看重的弟子，而李苦禅先生是齐白石中年时期最得意的弟子。虽然，他们俩在艺术上的追求并不是同一个路子，可是对齐白石老先生艺术上的尊重和恭敬那是完全一致的，同时也都在为中国画的生存与发展而一样担忧。

我跟在他们后面闲散地晃悠，因为我那会儿已经放暑假了，他们却在热烈地交谈，在探求。我想，他们苦苦挣扎地要找到自己的艺术道路，就是要明白自己在如今社会的实际处境。

李可染在家中作画

在中央美术学院的领导江丰先生的眼里，国画简直没有什么好东西可以利用的了，大概除了线描还有些用处，其他一无是处。

爸爸和李可染伯伯要为自己从事的艺术形式争得立足之地，谈何容易。

江丰先生的话也有一定的道理，他认为到了清末的四王，中国画已经走入死胡同了，技法已经成熟到了快要腐烂的程度，已经毫无发展余地了，应该放弃而去学习西画，那样才有广阔的发展前景。

在这之前，我爸爸的老朋友艾青，对中国画的改造说了一番话，那时候他还是中国文学艺术家联合会的领导人之一，所以人们认为这是他在代表我党发出的指示性谈话。某种意义上这是一种指明方向的意思，于是许多画家就按照这个指示去做。谁都没有想到，就在三年之后，这位共和国第一诗人变成了共和国的敌人——“右派”分子，先被送到北大荒，然后又被送去新疆。

估计我爸爸和李可染伯伯他们俩，就是每天这么边走路，边慢慢地琢磨好了。于是，李可染伯伯、我爸爸还有一位回国不久的罗铭先生结伴到江南写生，用中国画的工具直接描绘大自然，这就是他们身体力行的“师造化”，从大好山河里寻找中国画新的意境、新的技法，也找到了他们的艺术新路和新的艺术语言。

回来后，他们三人在北海画舫斋举办了画展，据说当时轰动了中国美术界。但对我来说，记得最清楚的，还是仿膳的豌豆黄，还有豌豆黄上面那几片宝石红的山楂糕，实在是好吃，到口自然化开。

好像就那时候，李可染伯伯征询我爸爸的意见，看他的外甥郑于鹤该走哪条路。我爸爸是个民间艺术迷，他认为郑于鹤应当去做“泥人张”的徒弟，那才是正路子。当时很多人听说了这件事

1978年。左起：黄胄、朱丹、李可染、张仃、李苦禅　　李燕摄

都大惑不解，甚至隐约听说李可染伯伯家的二姑都觉得我爸怎么不给她儿子找个更好的前程呢？在李可染伯伯和我爸爸的劝导之下，郑于鹤断然走上了这条当时看来非常奇怪的道路。后来，事实证明郑于鹤没有走错路，他学透了“泥人张”的绝活儿，和他舅舅李可染伯伯一样没有拘泥于师傅的窠臼。艺术的翅膀一旦硬了，就必须自己自由翱翔。

李可染伯伯他们家可以算是中院的北房，也可以算是后院的南房。他家的后窗户开在中院，房门开在后院。小宝是李可染伯伯家的老大，大名叫李小可。如果说沙贝像是孙猴子，那小宝就是憨憨厚厚的沙和尚了。他浓眉大眼，虎头虎脑，五短身材结实有劲儿，难怪后来他一度成为“解放军叔叔”了。他的妹妹叫李珠，后来黄永玉叔叔搬来了以后叫她“胖妹妹”。那时候叫你一个胖字，透着亲切，透着喜爱。现在谁敢用“胖”来称呼一个女孩子，她准跟你急！他家最小的是小弟，大名叫李庚，人虽小，一肚子鬼聪明。

李可染先生就在这个房间里画画，写字，同一张桌子也经常用来吃饭，在这张桌子底下，还有一个地窨子。据说，当年这里是共产党的一个秘密据点，这个地窨子就是他们的办公地点，现在地窨子成了李可染伯伯的美术用品储藏室。我们都去过那个地窨子里看过，那里边散放的有收集来的字帖、画卷，也有李可染伯伯自己的笔墨等。后来，民主德国的总理来探访过李可染伯伯，并送给他许多精装的画册，好像从那以后，地窨子才放了书架。

大雅宝胡同甲二号的孩子们都喜欢疯玩儿，但同时又着迷于“神秘”的事情，像小宝家的地窨子，像黄永玉叔叔家的美国短波收音机，像我们家在修房的时候，地下也挖出来电瓶、电线、战刀等军需物品。所以，他们之间一会儿传说，这个院子原来是日军的一个秘密据点

20世纪50年代中期，老画家合影。前排坐者为黄永玉；
后排左起：张梅溪、祝大年、吴冠中、袁运甫

儿，一会儿又传说，这里是我党的一个地下活动中心。连这么个院子，大家都可以发现这么多神秘的东西，也许就是这些孩子的想象力太强了。后来，我进了育才小学，在先农坛里，那神秘故事就更多了。可能多数孩子在心理层面上都是属于“喜神秘、好幻想”的，“大雅宝”孩子们的想象力，超群翱翔奔逸，生活里外都是童话。长大了以后，每天面对现实备受磨炼，慢慢地就失去了这种能力。

我上初中的时候，必须每天早起赶公共汽车去西城区西什库后库。路过李可染伯伯的画室时，感觉房间里的灯似乎就没关过，他和黄永玉叔叔每天都喜欢在夜深人静的时候，默默耕耘。黄永玉叔叔年轻，早上一定会入眠，但是李可染伯伯却又早早地起来了。听李可染伯伯说，齐白石老先生一再对他说：“画画的时候就一定要握紧笔。”也许，只有在深夜和清晨人们都安静的时候，他们才

可以全神贯注，才可以把笔握得更紧。李可染伯伯笔耕多年，一直在体味着这句话，从来就没松过手。

那时候，我们全院的关系如此的融洽，根本没有什么市面价值的观念。自己画的画稿，朋友来了如果喜欢当时就卷走。我们家里就堆着许多爸爸交换来的天南地北画家的画稿，以至一度多到房间已经放不下而堆到走廊里去了。

我看见过黄胄先生画的那幅巨大的《风雪柴达木》，那会儿就挂在沙贝家的西墙上。那时，黄胄先生刚刚出道，董希文先生的支持起了很大的作用。所以，黄胄先生就送给沙贝、沙雷哥儿俩一人一幅“黄胄驴”。当然，画面上还有维吾尔姑娘、打猎的狗等，这两张画也先后挂在他们家墙上。董希文先生也许看了这些水墨画以后自己也想玩儿一把，就用整张的高丽纸给沙雷画了一张像，一度也挂在他们家的西墙上。沙贝神秘地告诉我，这张高丽纸可不是一般二般，这是乾隆年间宫里账房用的高丽皮纸。沙贝他们家的西墙，简直就是一个美术之窗，如果那时候每过几天拍他一张，辑成一本画册，那简直就是当代中国美术的历史见证了。可惜，我们都没那个远见。

有一次，妈妈叫我去李可染伯伯家讨一幅字，因为当时北京男五中的校长张夫先生举行婚礼，我妈妈觉得如果毫无表示，那是不礼貌的，送张好字就是书生人情。妈妈从《论语》中集句，我那时太小，只记得上半截：“夫何人哉？堂堂之张也！”妈妈自己写了这些集句，要我拿去请李可染伯伯给写一张正式的。妈妈说：“李可染伯伯的字才站得住。”

李可染伯伯看了妈妈写的字条，就说：“你妈妈的句子选得很有意思，她的字已经写得很好了，何必要我写呢？”

1950年，大雅宝院内的住户合影。
前排中坐者：齐白石；前蹲者：李苦禅；后排：李慧文（左三，李苦禅的夫人）抱着女儿李琳、齐良迟（左四，齐白石的儿子）、徐悲鸿（左七）与夫人廖静文（左六）、齐良已（左八，齐白石的儿子）、李可染（左九）抱着女儿李珠与夫人邹佩珠、王朝闻（左十）、滑田友（右二）、叶浅予（右一）

20世纪80年代。左起：李可染、张仃、萧燕（萧军之子）三人合影

我就按照妈妈的嘱咐说："妈妈说了，这个院子里您的字最有分量。"

李可染伯伯笑笑，他摊开淡黄色的毛边纸，用不透风的浓墨写下拳头大的字。怪不得妈妈说，他老人家写的字有分量呢。后来沙贝告诉我，李可染伯伯最喜欢颜鲁公的《大唐中兴颂》，他的字是得到了真传。

李可染伯伯写完了，用另一张纸轻轻地拍了拍，就卷了起来让我拿走了。我拿回家里，妈妈看了半天说："送出去当礼物，可惜了。"

我好像之前说过，我妈妈是一大怪人。她连婚礼都没去，称病，要我代表她去。我当然兴致勃勃就去了，手里拿着李可染伯伯的字，到人家婚礼上去暴撮了一顿。

大雅宝胡同甲二号后院儿的西屋，也是李可染伯伯家的房子。可染伯伯的母亲来了以后就住在那儿，我们都叫她李奶奶。后院的东屋原来住着一位留美回来的女士范先生，她是南方人，有很浓重的上海口音，非常爱干净，衣着相当讲究，经常是深色西服套装，黑丝袜，每天还要化浓妆，抹口红，那年头儿她这样的属于“稀有动物”。她可以算是这个院子里衣着最讲究的人，听说过去司徒雷登在北平当大使的时候，还请她吃过饭呢。有人说不对，是她在美国留学的时候，和杜鲁门总统的太太一起吃过饭。到底她是和哪个美帝国主义分子一起吃过饭，谁都搞不清。可是，她好像没有家，她家里就她自己一个人。有人说，她名叫范志超，可是没人去研究，人们还是叫她“范先生”，省事。

有一回我们院儿里的这帮“土匪”，我说的“土匪”就是指这群孩子。好像那年头儿“土匪”是个爱称。大人经常满脸笑容地叫我们“土匪”，于是我们也经常自称“土匪”。

我们这帮孩子——“土匪”，一块儿到中央美术学院去玩。我看到图书馆的牌子就想进去借书看，当然是想借小人书。我们四五个孩子，大概还有沙贝、沙雷、小宝。一起挤在图书馆的柜台前，和那里的馆员说想借小人书。这时候范先生出来了，哦，我们自己琢磨，看来她是这儿的馆长。好像还有一个德国人叫马安娜的，也在图书馆里。她的女儿是个混血的姑娘，在中央美术学院的冰场上简直是一朵燃烧的玫瑰。一次，在冰场上当她和我自然擦肩而过，可我一下子摔了一个大马趴。其实我是紧张地为了给她让路，怕撞到她。可是她轻巧躲过，我却在冰面上来了个突发性地匍匐前进。那时候我真没出息，见到美女腿肚子就打转儿。

我们原来以为应该她妈妈是图书馆馆长，觉得外国人肯定本事大。

这会儿一看见范先生出现我们立马就紧张了，打算开蹓。因为我们觉得她一向很严肃，在同一个院子里住了这么长时间，她很少和我们说话。这时候，她笑眯眯地问我们："你们知道这是什么地方吗？"我们连忙点头。我说："知道，这是图书馆。我们想看看这里有没有小人书，再说也是来看看您。"本来那会儿我说话还是挺慢的，和李燕比简直就是木木愣愣，但这会儿，也不知哪儿来的词儿，张口就说完了，我是打算说完了赶紧撤。

范先生很遗憾地对我们说，这个图书馆里没有小人书。我和沙贝赶紧说，那我们就走啦。我们一起和范先生说了声再见，一边转身就走。我们没想到会在这里遇见同院儿的大人，那时候觉得所有的大人都很麻烦，还是"三十六计走为上"吧。

我们这一群"土匪"窜到走廊上，大家憋了半天，这会儿一通哈哈大笑，正要回忆刚才的尴尬，还没来得及开始胡说八道，范先生竟然追了出来。我们都愣了，怕她要我们回去把今天的事禀报给家长。她满面笑容地说，你们有心来看看我，就是我的客人。走，我们一起去小卖部。我们面面相觑，这样的好事儿有吗？

范先生在小卖部给我们每个人买了一块蛋糕，我们真的非常不好意思，怎么平白无故就吃人家的东西，可是她执意要我们吃，我们一个个喘着气好不容易都吃完了，她满意地笑了，问："好吃吧？"我们嘴里的蛋糕还没完全消失，就呜噜呜噜地说："好吃！好吃！谢谢范先生！"心里想，她真是个好人。那年头蛋糕是很金贵的东西，虽然上面的奶油都是蛋白做的代用品，但是对我们来说已经好吃得终生难忘了。

后来范先生搬走了，搬家的时候我们这帮"土匪"，全都帮她拿东西，一起送她上了三轮车。我们挥手喊道："范先生再见！常

1988年，李可染（中）与张仃（左）留影

回来看看！我们会去看您的！”她眼圈都红了，轻声地说：“好的，好的，一定，一定。”

可是我们谁都不知道范先生搬到哪里去了，后来再也没有见到过她。那个年头儿，事情相当的没准儿，她不会是失信了，肯定是有更重要的原因，她就那样失踪了。

范先生那一明一暗的套间很快就搬来了另一家人，好像先搬来的是孙克一他们家，然后是程尚仁先生，最后才搬来这家的是常溶先生。对我们来说这家更有意思。当然，有一群差不多我们这么大的孩子才有意思。他们家有三个孩子，老大比我大一点，叫常万石，女儿叫常兰石，小名叫丫丫，小弟叫常寿石，小名叫臭子。他们的爸爸常溶先生过去在故宫上班，对保管艺术品很有一套。他们的

《西湖堤畔》 国画 张仃作 1954年

妈妈在北大医院当护士，每天都要起早贪黑。

大雅宝胡同甲二号的后院北房，住的也是延安来的画家，他是木刻家，现在进城了就叫版画家了，他叫彦涵。他们家有两个男孩子，老大叫刘四年，小的叫冬冬。他爸爸彦涵参加革命以前是姓刘，因此他的儿子就继续姓刘了。四年比我大一岁，我们都在北京育才小学住校。后来，我们院儿的小孩儿老说："刘四年以后是不是到了四年级就要留在四年级了，老上不去了？要不他怎么叫'刘四年'呢？"刘四年后来还是改了名字了叫彦冰，还是跟着爸爸姓彦，弟弟大名就叫彦东，他妈妈的名字叫白炎。我怎么记得这么清楚，就是因为我们院儿孩子的嘴贫得厉害。他们说："这家子人可真够冷的，爸爸就'严寒'了，老大就冰都冻严实了，所以就叫'严冰'，弟弟就是'严冬'来临。妈妈那里是冰雪世界，当然一片白色的严寒。"

后来黄永玉先生搬来以后，他的儿子叫黄黑蛮。我们就说"黑馒头干儿"，他的女儿叫黑妮，我们就说"黑泥巴球"。

沙贝已经让李燕命名为"沙背罗纹鸭"，沙贝也不甘示弱，他把我们家六个孩子的名字串成一串，似乎是我们家招待客人的情景描写。他说道：

> 瞧瞧郎郎（我姐姐叫乔乔），
> 聊聊大伟（我二弟叫寥寥，大弟叫大伟），
> 陪陪耿军（我小弟弟叫沛沛，我哥哥叫耿军）。

后来，彦冰家搬走了，两对儿国际夫妻搬走了，于是我们大雅宝就大调整了一番。

杭州美术学院那时候还叫中央美术学院华东分院，他们学校搞工艺美术和实用美术方面的教授都调到北京来了。

李可染（左一）与齐白石（左三）、徐悲鸿（右一）合影

我们院儿就更热闹了，一天晚上一下子搬来了三家：图案教授袁迈先生，他家的老大叫袁骥，老二叫袁聪，老三是个女孩子，大名袁珊，小名干脆就是两字儿——胖子。陶瓷教授祝大年，当时也是三个孩子，老大是祝重寿，小名叫毛毛，老二也叫小弟，还有一个小妹。染织教授程尚仁，他们家只有一个女儿，叫姗姗，大名好像是程妩珊。这是我们院儿唯一和我们年龄相仿的女孩子，其余成帮成伙的都是浑小子。

老爸画公鸡

20世纪50年代，中国刚刚经历了抗日战争和解放战争，朝鲜战争爆发了。我老爸张仃脱下军装就和他的画家战友们，又以笔为枪投入了新的战斗。

在那个时代，文艺工作者就是不穿军装的军人，他们用画笔、用相机、用歌声、用文章进行着战斗。当时在北京举办的“全国漫画展览会”，就是对画家们几年来战绩的总结和表彰，也是对这些漫画作品的回顾和检验。

张仃给这次“全国漫画展览会”画招贴画的时候，第一次以大公鸡作为主角（见下页图），公鸡在这里是个战士的象征。

画面上是：大公鸡以笔为枪，斗志昂扬，把魑魅魍魉（在图中画的是蛇、蝎子、蜈蚣、蟾蜍等毒虫）驱除殆尽，彻底消灭。

在抗日战争和解放战争时期，张仃的漫画就是用他特有的漫画语言和漫画风格，进行革命宣传的，虽然因年代的不同会有渐进的变化，但张仃漫画的个人风格烙印醒目。

老爸张仃在画这张招贴画时，所用的艺术手法不尽相同，比他的一般漫画作品有更多的层次。首先他借用了版画艺术粗犷、简洁的构图，为了切中招贴画的主题，就得让人一目了然，并要有强

20世纪50年代“全国漫画展览会”的招贴画　　张仃作

烈的冲击力。为此，黑白与色彩的运用对比强烈，线条雄劲、夸张，笔法有金石书法的力度，这些特点恰恰符合了那个时代漫画宣传所需的特质。同时在造型手法上，父亲吸收了剪纸、蓝印花布等民间艺术的表现方式，使得这幅普通的宣传画，成为那个时代不可或缺的一个美术经典。正如人们所说的恰恰是“城隍庙+毕加索”，也就是中国特有的民间艺术元素吸收了当代摩登艺术的手法。

20世纪60年代，老爸张仃又画过两张不同的公鸡。第一张大约是在60年代初，当时他正在中央工艺美术学院执教。那时有一群学生刚刚从云南西双版纳写生回来，才华横溢、个性张扬的学生丁绍光，他带回来一大批西双版纳的风景、少数民族题材的写生和创作。张仃看了以后激动万分，他随后就带学生去体会西双版纳亚热带风光的鲜亮色彩、奇妙的少数民族服饰、工艺品等。这些在视觉上给了他极大的冲击，激发他内心潜伏多年的艺术灵感。几十天过去后，他带回来了一批后来被人们称为“装饰绘画”的作品，这与当时艺术的主流和当红美术作品大相径庭。也就是在那时候，他画了一张与众不同的大公鸡。

1956年，老爸张仃从巴黎访问归来，在艺术上充满了强烈的探索热情和决心，但由于风云突变的形势与工作的需要，他不得不放下画笔和满脑子的设想与灵感，默默地从事教育和行政工作。即便是这样，可他心中的艺术之火并未就此熄灭。

到了1960年，时逢三年困难时期，虽然物质上普遍匮乏，但在文化生活、文艺交流、演出创作等各个方面都相当宽松。老爸张仃再次去西双版纳之前，恰恰是他正面临创作探索的十字路口，这次的采风和冲击使他的艺术创作发生了一次爆发与升华。

这只大公鸡（见下页图），就是那时候老爸张仃对自己艺术创作石破天惊状况的一个记载、一个标志。这只大公鸡的画面相比于前者，形象更加生动、威猛，颜色更加五彩斑斓，轮廓线更加刚毅、自信。

画面本身就是画家本人的艺术定位和追索，摆脱了述说功能、图案意味，这张大公鸡已经是一张独立的画作了。老爸张仃这次创作使用的工具是中国特有的宣纸和毛笔；使用的艺术语言，就是中国民间加世界现代的混合。在构图上，大公鸡的结构和造型也是前所未有的，既不是中国传统艺术中描绘的公鸡，也不是西方绘画中的公鸡，这就是张仃创作的一只独特风格的大公鸡。

1981年鸡年生肖邮票　　张仃作

当时，家里请胡考先生、丁聪先生等老爸年轻时代在上海的画界朋友来家做客。饭后茶余，老爸拿出了他的这批“装饰绘画”，让他们肆意品评。他们没有想到，张仃竟然画了这样有风格的画，这张大公鸡更让他们出乎意外。

其实，张光宇先生的装饰绘

1956年，张仃在家中

画、动漫设计，在20世纪30年代曾在上海风云一时，他就是当时摩登一派的代表。时隔三十年，老爸张仃在北京又把这派艺术死灰复燃，并推出了一批作品。这让老爸的这些老朋友都很高兴，但他们不能立刻跟进，因为当时的创作环境，还没有足够的宽松。所以老爸的这批画，只是在家里展示，在少数朋友间传阅，既不能发表，也不能公开展览。

当时，周恩来和陈毅针对知识分子、文艺工作者在"广州会议"上的讲话，内容非常的宽松、开放，很鼓舞人心。老爸就在白家庄家

20世纪60年代，现代装饰彩墨画《大公鸡与小公鸡》　张仃作

里和香山租屋中闭门造车，期望着中国真正地实现百花齐放、百家争鸣的时候，自己也可以把这些作品公之于世。到那时，这只大公鸡也可以在旭日东升时啼鸣。

世事难料，结果一直等到了20世纪80年代初。张仃这批画中的大部分已经被付之一炬了，残存下来的这些作品成了对那个年代的追忆，而这张大公鸡就成了他设计的生肖邮票“鸡票”的主人公。老爸最终还是等到了这只大公鸡迎着朝阳引吭高歌。当时，老爸张仃曾把这张大公鸡请张光宇先生过目，张光宇先生回应了他画的大公鸡。此后，老爸画得更随意、更不拘一格了。

后来老爸又用宣纸和毛笔，画了一张装饰彩墨画《大公鸡与小公鸡》（见上页图），这张画里的大公鸡是老爸触动了心底潜在的感觉而完成的。

老爸的这张《大公鸡与小公鸡》充分利用了生宣的渲染效果，像水墨动画片一样。他把纯粹的中国艺术语言和现代审美意识有机地融合为一体，非常夺目，一点儿也不别扭，自然契合。大公鸡的色彩和中国民间玩具上的鲜明、简洁、晕染效果，异曲同工。这只大公鸡和小公鸡的造型也很像毕加索的造型手法，同时也像中国老婆婆随意涂鸦的造型。

我认为，这张《大公鸡与小公鸡》是我老爸画的几张公鸡画中最精彩的一幅，也是他20世纪60年代探索自己绘画风格的一个新高度。其实，我当时就已经开始追随他的脚步，开始了创作类似风格的绘画。固然，我的绘画无论从功底还是才情，都无法与老爸相提并论，但他画的这批作品不经意间激发了我的创作欲望和审美的转型。

最近几年，我的绘画创作也算是对我老爸张仃当年那种对艺

《金鸡唱金阳》 油画 张郎郎作

术执着精神的纪念和回应吧。

关于画公鸡，我创作了油画《金鸡唱金阳》。

本文原载于《中国收藏》杂志2017年第11期

小郎郎找大郎郎

1959年，我接到北京一〇一中学的高中入学通知书，这对我来说是件大事。

确实，北京一〇一中学当时在北京是所很了不起的学校，对许多孩子来说，是可望而不可即的。那时候，只有这个学校有校服，是按照苏联军校的款式设计的，对男孩子吸引力尤其的大。

苏联作家温尼阿明·亚历山大罗维奇·卡维林在他的长篇小说《船长与大尉》的扉页上写下："奋斗、探求，不达目的，誓不罢休。"

开学那天，我站在公共汽车站，回头看见妈妈站在阳台上，微笑着向我挥手。

到学校，我一下车，一男一女迎面走过来。他们都身穿"一〇一"中的校服。"同学，你好！你是'一〇一'中的新生吧？"那个女同学微笑着问我。"是呀……"我一时不知所措。"北京一〇一中学欢迎你！"她大方地伸出手来和我握手。我不知是激动还是难为情，"唰"地一股热流从胸中涌起。那男孩子不由分说，趁我手忙脚乱之际，顺手一把将我的背包夺过去。我连忙说："我自己来吧。"话音未落，我的网兜也被那女孩子麻利地抢走了。他们大步往前走，我在后边小步紧捯。"别不好意思。"那女孩回头笑着说:"我们都是志愿者,专门来接你们。明年你也会这样的,'一〇一'人都是志愿者,从现在起你就是'一〇一'的人了。"

他们俩轻快地走在前面,我两手空空跟在后面却还急赤白脸。他们的步伐如此矫健,是不是"一〇一"中能把所有的人都训练成这样?我以后也会变得和他们一样吗?

学校门口彩旗飞扬,大幅的迎新标语下面,七八张桌子一字排开,雪白的桌布上摆着盆盆鲜花,新生们都在这儿放下行李。

那个女孩问我:"你是哪个班的?"

"我是高一三班的。"入学通知书上早就写好了。

她叫我在这儿等着,然后跑过去查我的名字。原来宿舍的铺位也是早就定好的,这就是"一〇一"中的风格,一切都有规有矩,有安排,有程序。我当时觉得有些奇怪,她怎么也没问我叫什么名字就去帮我查看呢?奇怪!

那个女孩回过头来诧异地问我:"你是高一三的吗?"

"不会错吧……"我慌了,连忙就找入学通知书。

"别找了,高一三班根本没有姓耿的。"女孩斩钉截铁地说。

我笑了:"我不姓耿,我姓张,我叫张郎郎。"

"啊?"他们相视一笑,再看名单,一秒钟他们就查出来了,"你在5排3号11铺。"人堆里有人应声跑出来,喊道:"我是5排3号的,我送他去。"那两个接我的同学,一边道歉一边道别。

跑来接我的人,猛地扑过来一把搂住我,他大叫:"张郎郎,张邦昌,二郎山,大灰狼!"这是我在育才的外号大全,是甘露林写的唯一的一首诗,现在这个念诗的人一定是育才的。我差点儿被他搂得背过气去,回头一看,原来是三年不见的老同学——延岭。

这会儿新老同学很容易分清：我们都穿便装，他们都穿校服。我俩边走边聊，延岭像导游一样，给我介绍“一〇一”中的校园风光。迎面走过来几个老同学和延岭打招呼，他们问：“耿军的弟弟吧？”

“不是，人家姓张……”

“延岭，你弄错了吧，他绝对姓耿。”

“这还能弄错，我和他小学同学六年，他一直姓张。”

“这就怪了……”他们将信将疑地和我们擦肩而过，还狠狠地盯了我一眼，嘴里咕哝着说：“……居然姓张。”

延岭说：“这些人有病。”我说：“刚才已经有人认错了。”

话音未落又有人在喊：“这是小耿军吧？”

我和延岭都懒得回答了，笑了笑，接着走。延岭转头仔细地看看我说：“还真是有点像。”

“废话！像我的人多了。”

延岭把我送到宿舍，让我慢慢收拾好，然后去报到。他又忙着去迎新生了。

我三下五除二把东西收拾完毕，拿着手续三步并作两步地转眼跑到了校务办公室门口。一个和蔼的中年妇女突然伸手拉住我：“同学，你认识我吗？”

“老师，对不起，我不认识您。”

“没关系，你是新来的。我是你们的教导主任，姓王。”我一听是主任就十分紧张，想抽出手来，可她没撒开手，说：“来，来，来，我给你介绍一些人。”

她拉我走了几步，打开一扇门，把我轻轻地推进去，里边坐着十几个老师。好家伙，这是教员办公室吧？我顿时紧张得手足无措。

“你们看看谁来了？”

1941年，在延安。左起：力群的夫人刘平杜抱着刚出生的儿子郝明，
张仃的夫人陈布文抱着儿子耿军和女儿陈乔乔

“耿军的弟弟来了。”他们异口同声地说。

我顾不上解释，赶紧挣脱，转身跑了出去，身后留下一片笑声。

回到宿舍，见延岭也回来休息了，他叫我一块儿去游泳。

当时北京的中学里有游泳池的只有北京三十一中和北京一〇一中学。大概因为刚刚开学，更衣室里没几个人，游泳池里也就十几个人。我在清澈见底的游泳池里狂游了几个来回，爬到池边躺下，闭着眼睛静静地晒太阳。这时我听见旁边有人在问延岭：

“他是耿军的弟弟吗？”

“不是，他姓张，好些人都说他们长得像。”

“我从来没有见过亲兄弟长得这么像的，这就是几何学上相似形的最好例证。”那人真会说话。

游完泳，延岭带我去小卖部买基本文具。一路上我俩贫嘴滑舌，进了小卖部，一边挑选还一边继续贫。那位老售货员笑着说：

“你哥哥刚走，你就来这儿接着耍活宝啦。”

“我知道您以为我是耿军的弟弟，这回您看走眼了——我姓张。”

那老售货员却一声不响，直直地接着瞧着我。“小伙子，听着！”那老头儿突然严肃起来了：“你好好想想，在战争年代你有没有失散的兄弟？”

“大爷，您电影看多了……”延岭笑着说。

“凭我几十年的经验，这次我没走眼，他们不光长得像，声音也一样，连手势动作都是一个模子里刻出来的。不信，咱们可以打赌。”

延岭他们哄堂大笑，可我小脸儿就白了，一言不发。

走到外面，我对延岭说：“真的，我是有个哥哥，在战争中失散了。”

“啊！他叫什么？多大了？”

“我只知道我的哥哥也叫郎郎，别的一概不知。”

“你这礼拜天回家好好问问，有了线索我们帮你找。”

他们兴奋地开始研究侦察计划，我却不抱多大希望。一来，我们家十八年来费尽心思，托了无数关系，查了多少线索，我的哥哥依然杳无音讯；二来，战争中失散的孩子，下落不明的太多了。

过去我们家叫我“小郎郎”，经常议论的是“大郎郎”什么时候能回家。后来，人们慢慢不再这样说了，何苦呢，不提也罢。

20世纪40年代，在延安。左起：陈乔乔、张仃、陈布文、萧军

延岭他们一片热心，我却淡然处之。即便开学后更多的人说我像耿军，甚至干脆叫我“小耿军”，我还是淡然处之。当了小耿军之后，有不少好处，原来这个耿军是“一〇一”中的旗手。“一〇一”中的一切规矩都是苏联军校翻版，于是他是标兵，他是榜样，他是孩子们心目中的英雄。在学校里我受到了多种优待，我去借书，我去踢球，我去买东西……无论我做什么，都是一路绿灯，一片热情。我都快被惯坏了。

我进校不到一个月，就被起用为学校广播站的广播员。我去试试报考学校话剧团，结果被录取为“演员”，还当选为副团长。一个人运气来了，你挡也挡不住。那段黄金日子，我天天处于亢奋状态。

一天下了晚自习，我们在宿舍唱歌。当时“一〇一”中规定，每个班的宿舍里要住几个低三年的学生，高年级的孩子帮学校带那些小孩子。其实我们在育才的时候就有这个传统，那时这些孩子算我们的“小根儿”。

我教他们唱育才的“流行歌曲”，例如意大利的《好朋友》，俄罗斯的《萨特阔》、《白灵花》，还有《西班牙骑士》等等。这些歌在“一〇一”中并不流行，算是新歌，结果同班的几个同学也参加进来，一块儿向我学。正唱得来劲的时候，停电了，我们只好都钻进蚊帐里，躺下接着吼。

延岭摸着黑跑到我床前，说：“郎郎，你看看这个，是耿军。”他掀开蚊帐的一角递给我一张照片，还打开手电帮我照着。在黑暗中，一个青年的形象突然浮现在我眼前，我一下被震愣了。

“像不像你？”

“不太像……可是像我爸年轻的时候。”

近来我不太关注这件事，因为我觉得我们只是长得像，找哥哥这件事情，根本就不大可能。一看这张照片，直觉——他准是我们家人。

周末我回到家，开始小心翼翼地向妈妈了解哥哥的事情。一贯粗心大意的我，现在却特别小心——不能拿“八字没一撇”的事，伤了妈妈的心。妈妈在厨房做饭的时候，我跑过去和她七聊八扯，假装帮她解闷。一会儿说“一〇一”中的老师和同学和北京四中的怎么不一样，一会儿又说“一〇一”中的同学来自五湖四海，各有各的故事。然后话锋一转，我说：“现在我大了，想帮家里做点什么。对了，我记得姐姐过去常说：‘将来咱们长大了，带一条狗，走遍全国把大郎郎找回来。’过去在北京，我从来没有打听到有关大郎郎的任何消息。现在‘一〇一’中的同学哪儿的都有，我可以慢慢查访，您得把事情的所有线索告诉我。”

妈妈一开始不愿意接我的话茬儿，后来在我软磨硬泡下慢慢地讲出了以下的故事：

> 1940年的一个冬夜，哥哥降生在延安中央医院，其实所谓的中央医院不过是一排窑洞。他出生没几天的一个晚上，狂风怒号，妈妈半夜醒来发现门被风吹开了，她大声地喊叫护士，护士没来，却叫进来一只大狗似的动物。
>
> “狼！”我妈妈知道，在狼面前不能慌神，否则它就会扑过来。那只狼站在门口和妈妈四目对视，双方一动不动，时间仿佛停滞……
>
> 一个护士来查房，一推房门她尖叫起来，那只狼箭一般地从她身边蹿了出去，妈妈的衬衣后背已经被冷汗湿透。人们跑来议论纷纷，那到底是狼还是野狗？是冲大人还是冲孩子来的……

1959年，小郎郎找到大郎郎耿军后，兄弟四人合影。妈妈陈布文用毛笔在照片背面写着：“耿军19岁，郎郎16岁，大伟10岁，寥寥7岁，国庆十周年摄于北京。”

1963年，张郎郎（左）和哥哥耿军

因此，这孩子——我的哥哥就此起名叫郎郎了。

那时我父母带着姐姐乔乔和哥哥，住在乔儿沟的鲁迅艺术学院。那些师生们都觉得哥哥很可爱，又白又胖，适逢延安的中国青年艺术剧院正在上演俄国果戈理的名剧《钦差大臣》，里面有句台词是笑话一个胖子，说："吧啦咂，吧啦咂，煎鸡蛋。"于是，这就成了哥哥的外号，简称"煎鸡蛋"。姐姐乔乔又黑又瘦，还是个大奔儿头。

作家萧军和爸爸是老乡，在爸爸画的鲁迅先生画像前，他给我家四口人照了一张全家福。萧军的太太看到这张照片时，说："活脱脱一群叫花子。"因为那时我爸爸留的是长发，四面乱竖，在延安他算是四大怪之一。

后来周恩来在重庆，不知为什么把我爸爸调到重庆去了。这样爸爸又和上海的老朋友在一起了，他又穿起了白色的西装，看那时候他的照片，真够帅的了，他俨然又成了浪迹洋场的玩主。我妈妈则带着两个孩子，接着在延安喝小米粥，接着当“叫花子”。

1941年皖南事变爆发，国共两党剑拔弩张，一触即发。

延安马上进入枕戈待旦的状态，上级准备撤离延安。当时规定：撤退时一人最多带一个孩子，否则无法行军。带着年幼的孩子，最担心的是无法通过敌人的封锁线。孩子小不懂事，一出声响、一哭就全暴露了。曾经有过不止一次这样的惨痛教训，过封锁线时，捂着孩子的嘴，等过去一看，孩子已经被捂死了。所以，多余的孩子只好送到老乡家或者交给组织。

我妈妈先想把姐姐送给别人，可是姐姐大了，又机灵得很，没人肯收留。哥哥倒是很抢手，但收留的条件是，把孩子交给组织，由组织安排，今后不准找后账。妈妈有什么办法？战火将起，爸爸又杳无音讯。妈妈一咬牙，把当时一岁的儿子交给了组织。

重庆的八路军办事处，形势更加严峻。周恩来决定左翼文化人士撤离重庆都去香港，例如剧作家阳翰生、夏衍、吴祖光，漫画家丁聪等，还包括我爸爸。但是爸爸坚持要回延安，老婆孩子都在那儿。

周恩来无法安排这么多人，他决定交给我爸爸一笔钱和几封国民党的证明文件，要爸爸自己设法带着艾青、罗峰等一批想去延安的文化人回延安。

于是，他们化装成国民党高级军官及其副官、随从、秘书、警卫员等，人人都有角色。到底是一群文人、艺术家，他们的化装、

1995年，张郎郎在德国海德堡大学

表演都可以乱真。历尽千难万险，他们从重庆穿过几道封锁线，行程以千里计，途中和国民党官员、警察、军队多次打交道，居然没有露出破绽，最后顺利地到达了延安。

他们一到延安，我爸爸立刻扑到黄土地上，拥抱大地，亲吻泥土，爸爸那时实在有点疯。回到家里，爸爸才知道大郎郎已经送人了，当时气得说不出话来。

“那咱们知道的只有这些情况吗？”我问道。妈妈想了想说：“后来还听说过一次关于大郎郎的消息。”

延安文艺座谈会以后，文学艺术家们纷纷下乡到民众中去采风。丁玲下乡后回到延安，兴奋地跑来我家说：“我在山西兴县看见你家郎郎了。”

丁玲说：“我路过一个村口，看见有个小男孩在一个大磨盘旁边的地上画画。我一看，这不是郎郎吗？我走过去问他：‘你叫什么名字呀？’他说：‘我叫毛毛。’我问：‘你在干吗呢？’他说：‘我在画画。’于是，我就从书包里拿出了几张纸和一支铅笔交给他，我说：‘你喜欢画画我就把这些送给你。’他道谢后，说：‘八路军阿姨你是从延安来的吧？’我说：‘是啊。’他说为了谢谢我，他要给我画一张像。然后他一本正经地给我画了这张画像。”说着丁玲从书包里拿出一张画，上面画着一名八路军女战士。丁玲说：“我和他道别时，他说：‘等一等，我还没给你的皮带扎眼呢。’说着他在画中的皮带上认真地点上了这些黑点。”

丁玲接着说：“这时候一位脖子有些残疾的妇女冲出来，她抱起孩子就跑了。我向邻居打听，他们说：‘这家是军属，男的是陕北红军军官，他们只有这一个孩子，她姓李，她不会生养，孩子是挂喂的。’”

我妈妈对我说：“还听说那家人姓耿，但没说叫什么名字，我也问了那家女人的名字，可惜已经记不准了。”

听到妈妈的这句话，我差点儿没蹦起来，可是我控制住自己。没有百分之百的把握之前，我不能虚报军情，让妈妈空欢喜一场。

回到学校，我立刻找到延岭，说：“我回家问了，有如下这些线索：第一，我哥哥送的那家正好姓耿。第二，他们家当时住在山西兴县。第三，他妈妈脖子有残疾，不能生养，只有一个儿子。第四，他长得和我爸爸年轻的时候一模一样。我就只打听到这些了。”

延岭说：“这些线索非常重要，我立刻去侦察。”

不到一个小时，延岭没精打采地回来了，不好意思地说：“郎郎，别难过，耿军不是你哥哥，我问了他们班的同学。第一，他们看了他的全家福，他妈妈脖子没毛病。第二，他还有个妹妹。第三，他和他爸长得还特像。别灰心，咱们再接再厉，继续侦察。”虽然我早有精神准备，可这会儿心里还是有些空空荡荡的。

一天下课了，我往宿舍走。前面路边一群人站着在那儿聊天，有个老同学叫我：“郎郎，你过来一下。”我走过去才注意到中间站着一位很有军人气质的人。他很自然地伸出手来，说：“他们都说咱俩长得像，我看也不大像，咱们交个朋友吧。”我和他握手时，夕阳从侧面给他镀上一条金边。我也觉得我们不大像，可是在某个角度他和我姐姐真像。

星期六午饭时间正好轮到我广播，我刚刚播完，跑来一个低年级的女孩子，交给我一个纸条，转身就跑了。我连忙打开纸条看，上面写着：

2017年，厦门。左起：张大伟、张郎郎、耿军、耿乐（耿军之子）抱着他的儿子

《葵心中的莲花》　油画　张郎郎作

张郎郎同学：

午饭后请你到学校大操场后边的小树林来一趟，我有事和你谈谈。请不要告诉其他人。

耿　军

我三扒两扒就吞完了午饭，呼哧带喘地跑到小树林里，果然他在那里等我。我们慢慢地沿着小河开始散步，半晌他才开口：

“听说，你有个在战争年代失散的哥哥，把这故事说一说。”

我立刻就激动地把我所知道的一切和盘托出。最后我问：“你说这有可能吗？”

“可能有，也可能没有。”

他说话滴水不漏，比我成熟得多。他接着说：“的确，人们都说我和父亲长得很像，没人怀疑过我不是他的亲生儿子。而且，我们一家四口人亲密无间，从来没红过脸。父母和妹妹都全心全意地爱我，我也为全家争气。你说我能不是这家的人吗？”

“那你刚才怎么还说有可能呢？”

“在血缘上我可能是你哥哥。”一股热血从我丹田直冲天灵盖。

可是他继续平静地说：

“其实，我在兴县的时候就知道我的亲生父母在延安。小时候，有回我淘气妈妈要打我，我急了就喊：‘我去延安找妈妈！’妈妈一听到这话，就一把抱着我哭了。她问我：‘谁跟你瞎说的。’以后我就不敢再说了。有一次，我在屋里睡觉，妈妈和邻居在院里纳鞋底。邻居问：‘你不是不能生养吗？怎么有了个胖小子。’妈妈说：‘是挂喂的。’那意思是：我是领养的。前年，曾在延安和我父母共过事的一位叔叔来北京看我。他拉着我的手说：‘上有天，下有地，孩子，你如实告诉我，你的爸爸妈妈对你好不好？和亲生的父母一样不一样？’我告诉他：‘他们对我非常好，我觉得比别人家的父母更好。’他如释重负地说：‘那就好，那就好！你可不能忘记你的父母。他们把全部希望都放在你的身上，你一定要报答他们的养育之恩。’”

耿军说到这儿，停了停，我们默默地走着，各自平静自己的心潮。

“可是你的同学说，你妈妈没有残疾，你还有个妹妹，是吗？”

“现在照相可以选择角度，我妈妈是有残疾。再说，我妹妹也是从叔叔那边过继来的。唉，你父亲在哪儿工作？”

“我爸爸是中央工艺美术学院的教授兼副院长。”

“啊呀，真有意思，我刚带着全体美术组组员参观了中央工艺美术学院。要不是服从组织，报考‘留苏’，我肯定要考中央工艺美术学院的。”

耿军接着说：“你父亲叫什么名字？”

“张仃。”

“啊，我早就知道画家张仃了，抗美援朝的时候，我还是小学生，我很喜欢看他的漫画，给墙报临摹过不止一幅呢。”

我们就这样一问一答，一直在小树林里踱步，不知疲倦地走了一下午。

“看来，我真可能是你的哥哥。这当然很好，你要知道，我妈妈是个农村妇女。她把全部感情都倾注在我身上，如果知道我找到了你们，她的精神会立刻崩溃。他们在残酷的战争环境中把我抚养大，我绝不能让两位善良的老人伤心！所以，咱们约定，这件事在学校里不再提起。现在我们家在太原，咱们学校有不少山西来的同学，免不了消息会传回去。”

“我不和任何人说，你放心。”

“好，咱们一言为定。”

晚饭后，我们和他的几个“小根儿”坐在大操场旁边，望着万里星空。他们拿来乐器，随意地轻轻演奏，我半卧在草地上，心旷神怡。

哥哥轻轻地举起带弱音器的小号，吹出悠扬的俄罗斯旋律。这乐曲和这月色，那沉睡的大地，天边那树丛的剪影，和谐地融合在一起。

2017年，在北京参加张郎郎个人画展“一个文人的‘从心童画’”的耿军夫妇

《葵花》　国画　张仃作　1964年

互道晚安时，耿军说："明天早上咱们一起回家。"那夜我无法入眠。

星期天一大早，我们俩坐上公共汽车时才六点半。这时候我们不像兄弟也得像，当时他十九岁我十六岁，个子差不多一样高，都剃了平头，都穿着"一〇一"中的校服。要不是他那么稳重、成熟，猛的一看我们俩，就像一对双胞胎。

到了我家门口，我们俩都有些紧张。

我刚要敲门，哥哥说："你等一等。"

他指着门框上面的小木牌，上面写着"张耿孚"三个字，问："这是什么意思？"我说："可能是以前住户的名字吧。"

哥哥说："这简直神了。你看，'孚'字，是一个'爪'字下面一个'子'字。张耿孚就是张家和耿家抓儿子。"我愕然了。

妈妈开门看见我们很奇怪，平时我回家之前总会先打个电话的。妈妈小声说："怎么这么早就回来了，没吃饭吧？你们先到厨房里坐。"

我说："这是我的同学。"妈妈点点头。她可能更奇怪了，我很少带同学回家，也没这么早回家过。

妈妈帮我们做早饭，我们俩坐在那儿接着聊。她听我们老说"我们班谁谁怎么样"等等，就问："你们俩还不是一个班的？"我说："他已经毕业了，现在在留苏预备部学习。"

妈妈问："大礼拜天你不让人家回家，还往这儿带？"

"他们家住在太原，他叫耿军。"我说。

妈妈一边做饭一边问："我们有个姓耿的朋友，也在山西住过，不过他是陕北人。不知你认不认识？"

哥哥说："姓耿的本来就少，又是陕北人，认识的可能性就更大

《鱼世界》 国画 张仃作

了。你们的朋友叫什么名字？”

妈妈说：“男主人的名字我忘了，他爱人的名字好像是叫李玉华吧，她的脖子有点儿毛病，你见过这家人吗？”

耿军说：“我见过。”

几十年来，这个问题我妈妈已经问过无数次了，这是头一次听到有人说“我见过”。妈妈的脸一下子变得煞白，定在了那里，她回过头来第一次认真地看了耿军一眼，然后转身上了阳台望着远方。

哥哥碰了碰我，小声说：“你去看看。”

我慢慢地走到妈妈身旁，见她眼中似有泪光。妈妈问我：“你不会弄错吧？”

我说：“我们已经仔细地谈过、核对过，他就是咱家的大郎郎。”

妈妈说：“你们先坐一会儿，我去叫爸爸。”

妈妈推醒了爸爸，说：“快起来，快起来，家里出大事了。”

“郎郎又病了？”

妈妈说：“不是，是好事。”

我们俩坐在客厅里，爸爸进门时还在嘟囔：“大清早的什么事啊？”

当他撩起蓝印花布门帘的那一刹那，他看见我俩并排地坐在那里，立刻把手一扬，说：“什么也别说了，这是大郎郎回来了。”顿时，他的眼圈就红了，爸爸沉了沉，说：“你们讲讲吧。”

我们俩一唱一和，把我们相认的故事细细地道来。爸爸对哥哥说：“你住在兴县时，我们的朋友去看过你，你知道吗？”没想到那时哥哥才两三岁，但当年的情景却已深深地印在他的记忆中。

他说：“记得有一天，我在我家附近的磨盘边玩时，发现一名八路军女战士，突然沿着大路直冲我走来。我对她笑，她也对我笑。她走到我的面前停住了，很亲切地弯下腰问我：‘你叫什么名字呀？’我说：‘我叫小毛。’她说：‘你姓什么呀？’‘我姓耿。’我们愉快地聊了一会儿，她有事要走了。她说：‘我很喜欢你。我想送你一件礼物，你要什么？’我说：‘我要一支铅笔和一些白纸。’那个八路军女战士有些疑惑不解，她从挎包里一边拿一边问我，说：‘你要铅笔和纸干什么？’我说：‘画画。’她瞪大了眼睛，说：‘你也喜欢画画吗？那你画一张送给我好不好？’我当然很高兴，就用磨盘下面的平石板当桌子，画了一位全副武装的八路军战士。她高兴地把画装进她的挎包刚要走，我忙说那张画有个地方要改改。我一边改一边对她说：‘你看，我忘了给军装的皮带扎眼了。’”

爸爸说：“丁玲回到延安后，她把那张画给了我们，并给我们讲了补画皮带眼的故事，可惜后来行军中这张画不知丢到哪里了。”

妈妈把这件事写信告诉了远在云南的姐姐乔乔。姐姐收到妈妈的信时，正是单位开会休息的时候。姐姐打开信，“哇”的一声号啕大哭起来，边哭边擦眼泪边看信，然后又哈哈大笑起来……

后来，姐姐给妈妈写了回信，她写的第一句话是：“郎郎给咱们家立了大功。”

老妈来看我

周末，我躺在监狱里的炕上，正津津有味地看书的时候，李指导员笑眯眯地走进我们房间。我们这帮秃瓢儿叮咣五四连忙跳下炕来，一一立正站好。李指导员说："你们都坐下吧，没事儿，该干吗干吗……"转过头来对我说："你出来一下。"我连忙下地、穿鞋，跟他走到门外。李指导员回过头来对我说："你们家有人来看你了。"

六年了。

以前在看守所是不允许家人探视的，也不准相互通信。现在，居然家里有人来看我，真让我大吃一惊，事先一点儿思想准备都没有。一个死囚，如今起死回生了，马上要见到家人，我的胸口"咕咚咕咚"——顿时心律加速，让我快找不到"北"了。幸亏还有"影子我"在身后托着我的后腰，我才能跟着李指导员快步地走出中队小院。水泥马路在阳光下白花花的，有些晃眼，公路两边的白杨树叶在微风中哗啦啦作响。

路上，李指导员再三叮嘱我："你来到这儿以后，第一步走得不错，这对你将来有好处。这次家属见面，你可别犯傻，别见到家人就把握不住了，要是落个鸡飞蛋打、前功尽弃可就麻烦了。记住！千万别哭。人的感情需要控制，你一激动免不了就胡说八道，

1947年，哈尔滨。老爸张仃（左）和老妈陈布文合影

这很容易祸从口出的。千万别忘了你现在的处境，你得珍惜，别因小失大啊。”

我笑笑说：“您放心吧，这六年监狱我没白坐。现在心里清楚得很，一会儿我也绝不会犯糊涂，更不能犯浑。”

走到监狱的家属接见厅，远远就看见我妈妈和弟弟寥寥坐在那儿。母亲显得那么疲倦、无助，似乎微微惊讶，却静静地望着死里逃生的我。理智的“影子我”瞬间走到前台，代替了那个慌张的我。

六年来我的小命朝不保夕、生死不明，我让妈妈忍受了怎样的煎熬，度过了多少不眠之夜。可是这时候，她没有呼喊，没有流泪，只是默默地望着我。妈妈大概是在慢慢顺气，面对理智的我，她很快就调整过来了。好像我们是在一个普通、温馨的下午，准备一起喝茶，她就一直那样望着我。妈妈的镇静感染了我，慌张的我也顺过气来，微笑着慢慢地坐下来。

妈妈轻轻地说："你的身体怎么样？你的心脏还好吗？"

"影子我"笑笑说："你放心吧，你看我现在身体多好。每天的活儿就是修理汽车，劳动量不大，我完全可以胜任。天天都能活动活动身子骨,比蹲在里面舒服多了。政府为了让我们好好学习，给我们买了很多书，周末不出工，就在宿舍里看书学习。刚才，我正一边儿喝茶、吃糖，一边儿读黑格尔的书呢。"妈妈有点儿吃惊，这与她想象的监狱生活太不一样了。

李指导员对妈妈说："他虽然才来到这儿不久，但表现得很不错，所以我们也希望他能够多学习。我们特意给了他更多的读书机会，以便他尽快改造自己的思想，同时也能帮助其他犯人。"

妈妈轻轻地舒了口气，看来她这才完全相信了，轻轻地点了点头。

妈妈说："听这里的干部说你们在这里可以戴手表了，为了让你更好地掌握时间，帮助你好好学习，我让寥寥给你带来了一块手表。"

一下子，不知是什么堵上心头……我说不出话来。我知道，这几年来，家里过得非常不容易。爸爸、姐姐、哥哥先后分别被关押在不同的地方，两个弟弟也被送到农村插队落户去了，这一家全靠妈妈一个人，在北京拆东墙补西墙地勉强支撑着这个分布天南地北的家。

如今，知道我不会再被执行死刑了，为庆贺这件事，妈妈还特

妈妈陈布文（右）和弟弟寥寥合影

爸爸张仃和妈妈陈布文合影

别给我带来一块手表。这时一团热气就堵在我的胸口，我一个字都不敢说，生怕一开口就会哽咽起来。

寥寥从书包里拿出一个手绢包，打开来一看，是块瑞士天梭表。我知道，这是爸爸去欧洲访问那次带回来的手表，后来，他出门画画写生，经常都是戴着这块表。也就是那次，爸爸去欧洲见到了毕加索，毕加索一直是爸爸心底最崇敬的画家。想起他们在一起欢笑的照片，毕加索那小老头儿真有意思，都这岁数了，却还是一片童心，还那么喜欢年轻漂亮的女孩子，还喜欢戴着面具做怪样，他是个知道怎么让自己开心的人。这些画面在我脑海里迅速闪过，这一切和此时的世界是隔着的好几层时空呢。

这时候，“影子我”已经控制住了心里的那团热气，我慢慢地说：“爸爸好吗？这块手表还是应该给他用吧。”寥寥说：“爸爸买了一块新表，所以这块就送给你了。这次他不能来，就让我们把表给你带来。”我明白了，这是爸爸的一点心意。

六年前，寥寥还是个孩子，而现在他已经是一个高大的青年，非常自信，非常果断。我感到很高兴，很出乎意料，心里想，当年那个小寥寥到哪儿去了呢？

我问他：“你都这么大了，不是已经到农村去插队落户了吗？”

寥寥笑着说：“这次是村里派我回北京买拖拉机，正好借着这个机会陪妈妈来看看你。”

妈妈、寥寥和我平静而愉快地聊了起来。寥寥打开书包，从里面拿出两条牡丹牌香烟。我很惊讶，觉得这实在太奢侈了。在这里，几乎没人抽这么昂贵的香烟。寥寥看出来我有些过意不去，说：“都六年了，想抽就抽吧。以后我们也不会老给你送这么贵的烟了。”

妈妈说：“你还要在这里待很多年呢，你的身体也不好。我

1994年,家人合影。前排左起:耿军、张仃、陈乔乔;
后排左起:张沛沛(刘延沛)、张寥寥、张郎郎、张大伟

希望，你抽完这两条烟以后，就慢慢戒了吧。”我点点头，对妈妈说：“你放心吧，我一定戒掉。其实这六年，政府已经帮我戒烟了。”

时间到了，妈妈该走了，她问我有什么要求。

我说：“妈妈，你以后就别来这里看我了。一来，你也上了年纪，还得跑这么远的路，不值得。二来，我在这里生活得很好，也习惯了，你们放心吧。再说，现在咱们可以通信了，有什么话写信告诉我就行了。寥寥，你现在是大人了，好好照顾妈妈。”

寥寥点点头，说：“你放心好了。”

挥手告别，六年的生离死别，盼望多年的见面能不百感交集吗？我们三人居然都控制着，没有人哭泣，没有人掉一滴眼泪。如果有人掉了第一滴泪，泪水肯定就会破堤而出，汹涌澎湃。

见到家人，我的心更坦然了，静静地踏实下来。

在回去的路上，阳光从树叶缝里透过来，把马路映得斑斑点点。我莫名其妙地想起大弟弟读过的几句话，那会儿已经忘记了，这是哪个老头儿说过的：

……我愿意这样，朋友。
我独自远行，不但没有你，
且没有其他影在黑暗里，
只有我
被这黑暗沉没，
那世界
全属于
我自己。

我回到号舍——那时候我们管宿舍叫作号舍。我在北京育才小学和在北京一〇一中学上高中的时候，也把宿舍叫作号舍，估计是沿用了军队传统的叫法。我刚一进门，姚达言立马瞪起他那像铃铛一样大的双眼，直截了当地说："郎郎，家里送来什么好东西？让大家也开开眼。"

这话我明白，早就有人告诉过我这儿的规矩。我二话没说，马上给他送过去一盒牡丹牌香烟，然后，我拿着烟挨个儿给其他同号犯人每人一盒。当然，爸爸给我的手表我没舍得拿给他们看。

姚达言愣了，忙说："别犯傻，不用给那么多，他们每个人给一两根就够了。"其实这规矩我早就清楚得很，在这里面我都待了六年了，无论是监狱里官方的规定，还是犯人之间的潜规则，我都已经门儿清了。按常规我应该给犯人头儿一份儿大的，其他犯人意思意思就行了，可是我既不想得罪我们号的这位"座山雕"，也不想特意地巴结他。

我不紧不慢地说："我在回来的路上就想好了，这两条烟就是分给大伙儿的，我已经决定戒烟了。以后，家里要是送吃的来，大家也一块儿尝尝鲜，到那时，我就自己留份儿大的，大伙儿多多担待。"人们笑着说："那自然，自然。"

其实，在妈妈要我戒烟的时候，我已经暗自咬牙下了决心：戒烟马上就开始，今儿就今儿！我从鬼门关上都滚了两个来回，当时最大的愿望，就是能和母亲见上一面。

我在死刑号的时候，曾经向政府请示过，希望在被处决前，能够再见我妈妈一面，不知行不行？我曾听说，自古以来都有这个规矩。

队长哼了一声，然后说："现在都什么年代了，临了临了的，还

2016年秋，王蒙先生（右）与张郎郎合影

有这个要求、那个要求的。早知道，你别折到这儿呀！做梦吧你！昨天下午还有一位问我，上刑场之前有没有最后一顿？有没有酒喝？做梦吧！告诉你们，这是无产阶级专政机关的监狱，不是当年旧社会的牢房。老一套的那些乱七八糟的旧规矩早就被我们扔进了历史垃圾堆了！你们就老实待着吧！”

他说的清楚，我听的明白。我知道只能是自己来面对所有该来的一切，只能是自己独自面对死神。

那时候，我本以为这辈子再也没有机会见到母亲了，心一下就沉到了底。后来，从我改判成有期徒刑的那天开始，我就盼望着能早日见到妈妈，我想对妈妈说：

“我对不起您，对不起全家。”

此时此刻，妈妈对我的任何要求，我都会毫不犹豫地答应她，并会分毫不差地做到，哪怕是上刀山下火海。

在今天与妈妈相见的场合、气氛、环境，都让我找不到机会说出这些话。看着妈妈的那一刻，我已经明白了，这些话是无须说出的。妈妈明白我，我明白妈妈，一切尽在不言中。

我和猫

一

许多朋友都在问，你的绘画作品中怎么总会出现猫呢？是不是因为动物中你最喜欢的是猫？

其实没那么复杂，我们的童年时代，政府在城市里允许饲养的哺乳动物只有猫，其他一概不准，尤其是养狗。于是，从哈尔滨到沈阳，从北京大雅宝胡同甲二号，到香山，到白家庄，到南池子等，几乎我生活中一路走来的那些年代，猫就是我们家不可或缺的成员，几乎和我们家的许多故事都缠绕在一起。

五岁不到的我，随着第四野战军的战士们登上火车，奔赴刚刚解放的沈阳。那时一向木讷、憨厚的我突然变成了“一只疯狂的小兽”。因为人们不允许我的小猫上火车，我疯狂地哭闹、嘶喊：“不让我的猫上车，我也不上车！”最后，我还是被警卫战士抱上了火车。他们说，下趟车是普通客车，他们会托人把猫带去沈阳。我满脸眼泪似信非信、无可奈何地坐在车厢里。车启动了，只见那只小猫突然挣脱了警卫战士，不见踪影了。我急得大喊大叫，战士们安慰我说，小猫回家去了，下一批战士一定会把它带到沈阳去。我一直默默地流泪，我

《缤纷十千》 油画 张郎郎作

知道它不会再回来了。猫是独来独往的王者，也是自由自在的智者。猫让我和动物之间建起了不可割舍的情感。我以为猫和我，可以无言的、无阻拦的全方位沟通。

到了大雅宝胡同甲二号，我家就养了一只典型的北京猫，黑白两色，四蹄踏雪。我和弟弟大伟，都很喜欢它。它爱搭不理，我们知道它是故意摆架子。其实，你只要轻轻摩挲它的额头和背上的毛，它就会开心地打呼噜，继续装孤傲，好像是它自己在开心，和你没关系。

那时，家里大人很忙，暑假的时候去托儿所接送大伟就成了我的责任。好在大伟所在的托儿所离我们家不远，出了后门往西走再一拐就到了禄米仓胡同。他们托儿所就在禄米仓路南。我带着大伟刚刚出了托儿所的大门，他就死活不肯走了，因为他看见在门口大槐树的高枝上趴着一只小猫。他认定那就是我们家的“黑妞”，在他眼里我是无所不能的，就一定要我爬上树去把小猫救下来。我抬头一看，那只小猫肯定不是我们家的那只猫，而是被人追赶而爬上树的另一只猫。因为它太小，还不会下树，就只能趴在高枝上哆嗦。其实，那时候我也只是一个小学生，可在弟弟苦苦央求下也只得硬着头皮爬上那棵大槐树。那只小猫性格倔强，我去救它，它不也买账。我往上爬它也爬，历尽千辛万苦，终于把它抱到怀里，也许它明白了不是我的对手，也许它知道了我不是欺负它的坏孩子。

它很顺从地让大伟抱着，也不企图挣脱了。大伟说：“你看，它认识我，它就是咱们家的黑妞。”我们仨儿回到家，大伟愣住了，家里还有一只同样花色的小猫。于是我们家就多了一只黑妞，大伟乐不可支。

那天我从城外逮蛐蛐儿回来，大伟哭着找我，我家的黑妞被胡同里淘气的孩子——用砖头砍死了。我带着大雅宝的孩子去那家示威、告状就不细说了，总之闹的动静很大。最后，我终于把眼泪未干的大伟带回了家，他沉默了很久。黄永玉叔叔曾说：“大伟像个哲学家，这么大的孩子都到处野跑，只有他一个人默默坐在那儿，听古典音乐，不知他沉思什么呢。”

很多年以后，大伟告诉我，那一夜他一直在似睡非睡中。快黎明的时候，突然天空出现莫名的五颜六色，如同北极光，而那只猫巨大的身影就在空中浮现，小黑妞变成了一只龙猫。可是大伟认得

《家中一角》　油画　张郎郎作

它，无论它变成什么样。就算它哪天投胎为人，大伟照样能一眼就认出它来。在黎明时分大伟见到灵魂出窍的黑妞，他内心就平静下来了。后来我看大伟完全恢复了平时的模样，我才放下心来。

二

当我上高中的时候，父亲租下了香山买卖街七号的一个小院。小弟弟寥寥也转到香山小学来上学了。大伟已经是一个高挑的少年了。他和寥寥一静一动，以自己的方式喜欢家里的小猫。我们家从大雅宝到景山东街,从香山再搬回白家庄。寥寥也特别喜欢猫，把猫当成了自己的玩伴。也许，他从小就和猫一起长大，所以，他就非常自然地和小猫沆瀣一气。

大伟只是摸摸小猫的头，算是最热情的表示，也就抓抓小猫脖子下的软毛，听它们愉快地打呼噜。寥寥对猫热情的时候，就把猫当成毛巾在自己脸上擦来擦去，不管小猫多么不情愿，似乎他从小就这样做，现在也改不了。小猫经常在他手中吱哇乱叫，其实他只是动作夸张，手法相当轻柔。即便如此，骄傲的小猫们对他的爱猫方式不敢苟同。所以，在白家庄的猫们，听见寥寥来了都立刻不见踪影，和寥寥玩儿捉迷藏。

寥寥也有办法，猫咪开饭的时候，人们就敲敲饭盆叫它们来用餐。于是它们就从四面八方围上了饭盆，寥寥看猫咪吃饱以后，就抱起来像甩浴巾一样，把它倒挂在自己的肩膀上。猫们对他这套已经习惯了，就顺势挂在他的肩膀上。我们家其他人都不可能这样抱着猫咪，后来，这就成了寥寥的绝活儿。猫咪们在寥寥手里，就变成了一条浴巾，有人说，也许他有皮毛玩具强迫症。寥寥也不管别人怎样

《猫街静逸》
油画
张郎郎作

评说，依旧我行我素。

他冬天也最喜欢戴皮帽子，在逮不到小猫的时候，他就拿皮帽子来蹭脸。当然，远没有猫咪那么生动、可爱。当暑假开始的时候，我们几个兄弟都住到了香山买卖街。等我们开学了，寥寥就在香山上学，那时家里只有一只黑妞在。居然，寥寥每天上学黑妞会陪他走一段路，猫太小，看见路途差不多了，就自己跑回家。下午寥寥放学的时候，黑妞会在路边等他，寥寥就抱着它回家。这本来是小狗的活儿，没想到这只猫，和狗一样恋主。寥寥很珍惜它，每当给它擦脸的时候，格外轻柔，怕它不高兴，以后就不会接送他上学了。

三

后来我们家又搬回白家庄，那会儿我上大学，大伟上中学，寥寥上小学。我们仨儿继续视猫为家人，那会儿我们还没有给猫剪指甲，我家的猫们还都是“原生态”的猫，也没有给它们做任何手术。和在大雅宝、景山或香山一样，让它们能自由出入。在白家庄我们住在三楼，因为是公家的宿舍，也不能在大门上给它们挖一个“猫洞”。于是，它们从小就知道，如果谁想去外面玩儿，就会紧跟着我们寸步不离，甚至趴在我们的脚面。于是，我们明白了，就给它开门，让它出去。晚上，回来的时候，它们就会在门口叫门。它们的时间观念不太强，有时候回来太晚了，它们得拼命地叫才会有人睡眼惺忪地为它们开门。我们商量过，是不是需要给它们打个“猫洞”？否则，经常半夜归来，谁都难得一个好觉。不过这样做公家不会允许的，讨论来讨论去不得要领。好在这时候，春天过去了，它们都安静了下来，主要的时间就是在家中酣睡。那段时间家中都有几只猫，至少有

《四蹄踏雪》　油画　张郎郎作

一只是典型的北京猫——四蹄踏雪，就叫它“黑妞”。那时还养过一只是黄花猫，就叫“虎妞”，还有一只是全黑的猫，就叫“包公”或“黑老包”。那段时间是我们家的黄金时代，每只猫也适得其所。寥寥放学回来，根本不知道猫们何在，于是他就大声呼唤它们的名字，得喊半天才会听到懒洋洋的应声，有的睡在床下，有的睡在沙发后面，有的睡在书柜顶上。

我们兄弟三个在那个阶段，因为家里的“原生态”猫多，我们又太喜欢它们，所以手背上、胳膊上时时都有猫的抓痕，手上还有猫的咬痕。那时候，也不觉得有染病的危险，也许那时候我们兄弟火力壮，没有因此生过病。

《慨当以慷》 油画 张郎郎作

它们因为从小在家里长大，都有很好的卫生习惯。那时候，在楼里也是烧蜂窝煤，它们的“厕所”都用上好的炉灰来铺垫，所以家里一点儿“猫味儿”都没有。它们分辨能力超强，家里谁是谁分得很清，也知道每个人爱它们的方式各有不同，它们也聪明地“区别对待”。如果有生人来，这几只猫会从四面八方扑过来，有的甚至“从天而降”，大有“消灭外来侵略者，誓死保卫家园”的架势。当然，主要还是恐吓。所以，许多客人都说，你们家的猫怎么成了“看家狗”了？

有一次，几位美院的同学来看我，一进客厅，女生们就被猫阵给吓坏了。有一只猫从书柜顶空降到美女庄嘉怡的肩膀上，她不由得失声尖叫。幸亏寥寥赶到，把“黑老包”从她肩上抱走。男同学虽然没有吱哇乱叫，也小脸儿煞白。他们问：“你们家养的是什么猫呀？”后来，很多同学不愿意到我家来了，都知道我家有“恶猫”。这样，来过我家的同学也不愿意再来了，没来过的就更不想来了，他们已经“闻猫色变”了。我们兄弟几个还得意扬扬，觉得我们家的猫居然成了“猛兽”。

四

其实猫们变成我们家的重要成员之后，我们兄弟和整个猫族都自然亲近了。不管是谁家的猫，不管是哪儿的猫，都觉得有种亲近感。

20世纪70年代，爸爸的老朋友萧军在北京郊区东坝租了个农民院子，在那里写作。老爸去探望他时发现这真是个好去处。那会儿，我家的单元房里搬进了一家造反派骨干，老爸住着不舒服，画画也

《挑灯夜读》 油画 张郎郎作

不方便。于是，他就每天去东坝萧军的租房去“上班”，在那里吃饭、聊天、画画，还把家里的猫黑妞也存放在他家。后来，老爸还把家里的母鸡白妞也抱了过去，据说白妞住到农民院里后心情舒畅，每天都下蛋。那会儿寥寥和萧军的小儿子萧燕负责给两个奇怪的小老头儿送午饭。那段时间，他们俩过得心旷神怡，精神抖擞，身体健康。萧军天天除了写作之外，还在院子里练武，真是文武双全啊。

五

母亲看到大伟和寥寥都以自己的方式和猫打交道，就写了几篇关于猫的文章。其中有篇题为《黑妞》的小说，是以他们两兄弟和家里的猫咪为素材的。不久前，王蒙先生出版了自己的魔幻现实主义纪实小说《女神》，该书的附加部分也选了母亲的这篇《黑妞》。看来，这些动人的小猫，和我们家在方方面面已经结下了不解之缘。

20世纪40年代，我父亲在《东北画报》上发表的年画《儿童劳军》，画中的小女孩、小男孩是以姐姐和我为模特的，而旁边蹲着的小猫，就是当时我们家里养的虎皮猫。

20世纪60年代，父亲的装饰绘画中，也有很多猫的形象。不过，那时候他画的是北京儿童玩具泥猫。在孩子们的眼里，无论是什么种类的猫形，反正还是猫。

20世纪70—80年代，大概是因为张正宇酷爱画猫，似乎张正宇是动物写意的代表画家了，父亲就不大画猫了。

我和寥寥都是无名晚辈，所以，我们俩就开始各自画各自的猫。寥寥在白家庄住的时候，我住在中央工艺美术学院里。我们俩就都各自画猫。寥寥有时候带他的朋友到我的房间来玩儿，顺便看看我新画的猫。当时，他的好朋友王小宓正在“工艺”读书，一手好金石。他看了看我的画说：“你的猫画得还不错，但书法可差点儿意思。”我连忙告诉他，我这十来年都没有机会摸毛笔，然后请他给我刻个名章，他很豪爽地一口答应。

1987年，我和寥寥搬到南池子大苏州胡同十号。我们俩没事儿，就在这个小院儿里开画。我也画了许多人物、风景，当然猫的数量最大，来的朋友都会顺便卷走两张。复杂的画我舍不得给，于是就备下了不少写意猫，供朋友们挑选。当时作家徐星来得最勤，因此卷走的画也最多。后来听他说，他也没落下，都被他的女朋友给卷走了。于是，我的猫就四海为家了。

寥寥的猫作，有一大部分都用来和南池子周边的小饭铺换啤酒了。后来，一些海内外朋友去看寥寥，也都有偿地卷一两张走。于是，寥寥有酒，朋友有画，皆大欢喜。现在寥寥搬到了东京远郊区日野，他在那里继续画画，画山水，画卡通，也还继续画猫，但那得看心情了……

我如今在西大望路“秋醒楼”的会所里画油画、丙烯画。画室通风好、举架高，还有助手帮忙，这几年我画了不少画。猫们依然在我不同的画中经常出现，它们是我画中的“画眼”。因为我们从小就和猫一起长大，猫知道我们，我们也理解猫。

这就是我们为什么和猫心心相印的原因。

1956年老爸故事多

1956年秋季的一个星期天，老爸张仃从巴黎刚回来不久，还在激动与兴奋之中，早上他心血来潮，带着母亲、姐姐乔乔和我一起去北海公园。我们一家在“仿膳”吃过午饭后，他就领着全家一起信步走到北海公园东岸的小坡上。那里游园的人很少，母亲就在树下铺了一个布单子，大家席地而坐，看来这是老爸和老妈事先设计好的。在此之前，我们曾要爸爸给我们讲讲巴黎的新鲜事儿，老爸说：“过几天给你们慢慢讲。”直到今天才得以实现，一来是爸爸要郑重其事地给全家好好讲讲这个故事。二来是姐姐平日在中国儿童剧院上班总不在家，今天正好是星期天，是个最合适的好日子。

老爸特别会讲故事，从他的故事里你会看到不间断的画面，仿佛你已经身临其境。他讲起巴黎的见闻，绘声绘色、眉飞色舞，看来老爸的这趟巴黎之行给了他巨大的震撼。老爸先讲起在巴黎如何绞尽脑汁地布置出一个既有中国风味、又能体现出现代大国风范的展览。又讲起如何在艺术之都，拔地而起一座独特的中国展览馆。以致后来如何得到法国观众的欣赏和赞扬，又如何给西方世界留下一个新中国的崭新印象……

老爸还给我们讲起如何在博览会期间结识了留法著名画家赵

1955年，颐和园。前排左起张郎郎、陈乔乔；后排左起陈布文、张仃

无极，赵无极先生和老爸一见如故，非常的积极热情。在博览会结束以后，赵无极先生开着自己的黑色老爷车，带着老爸四处走访、游览。他知道老爸最喜欢毕加索的作品，于是带老爸去参观那些收藏毕加索作品的画廊、博物馆甚至仓库，也一同追寻了毕加索早年在巴黎居住或流连的旧址。当时正好电影院在放映轰动一时的纪

录片《毕加索的秘密》，赵无极带着老爸去看了这部电影。老爸在这部电影中看到了毕加索的生活、创作以及许多鲜为人知的生活细节。老爸少年时代的梦想已不再是梦，毕加索在老爸的心里是实实在在的伟大艺术丰碑。

在法国共产党和赵无极先生的努力之下，老爸被安排随同中国文化代表团到毕加索的家中作客。老爸对此非常兴奋，这曾是老爸心中保留多年的梦想，谁会想到如今能梦想成真呢。

这次访问让老爸对毕加索当时居住的加里富尼别墅的陈设布置记忆犹新："那是一个午后，我们来到毕加索的工作室，是在海

旅法画家赵无极在画室

坐落于法国东南部海边坎城的毕加索故居

边的一所别墅。毕加索刚睡完午觉，他从楼上走下来，热情地欢迎我们的到来。他领着我们参观了他的工作室，原以为他的工作室一定是很华贵的房间，因为当时的毕加索已是世界上最有钱的艺术家，他随便卖掉一幅画的钱，就可以购买他一生都用不完的绘画材料。可是，在这位世界著名大画家的工作室里，除了作品是新的，一切陈设全是破旧的，墙上是不断脱落的灰迹，沙发旧得已经露出了弹簧……但所有这一切，这位艺术家好像一点也没意识到。工作室里的墙上、地上都挂满、摆满了大量他的新作品……”随后老爸把一套水印的《齐白石画集》送给了毕加索，并且与毕加索合影，照片上，76岁的毕加索左手搂着老爸，面带微笑，目光炯炯。

同去的中国文化代表团成员中，除了我老爸和王雪涛是画家，其他人都不属于美术界。有作家、翻译家李霁野先生，事后他写了一首诗，题目是《毕加索同志》。那个时候，毕加索还是法国共产党党员。国画家王雪涛擅长画花鸟，他对西方的现代美术之前没有接触过，因此在这个代表团中对毕加索有所了解、对他的艺术有所认知的只有我的老爸张仃了。

老爸还跟我们讲，毕加索对他们这些中国来的客人非常热情。他的画室里堆满了他的重量级的作品。据说，他交给代理商卖出的作品，基本是他认为一般的作品，他的得意之作他会都留在家里。一方面是他舍不得卖，另一方面是可以作为新作品灵感燃烧的火源。

老爸被毕加索那大量的、多元化的创作惊愕了，毕加索对探索艺术是如此的认真、勤奋、废寝忘食，让老爸看到了真正的画家应该是什么样的精神状态，他的心灵受到空前激烈的撞击。老爸激情飞扬的讲述，把我们带进了一个艺术童话的梦境中。

1956年，张仃与毕加索合影

老爸接着又讲到，法国共产党还安排中国文化代表团到法国作家协会会长维尔高尔先生家去做客。可没想到，法国作家协会会长居然没有工资，他要靠夫妻两人做手艺活儿来养家糊口。维尔高尔先生用稿费买了一个农村废弃的磨坊，他们把磨坊装修成了两层的住房，楼下的石磨上铺上垫子就成了环形的沙发。这和老爸当年在延安窑洞里布置为“现代风格”的作家俱乐部，有异曲同工之妙。维尔高尔先生在磨坊的粮仓里，安装了一套半自动的丝网印刷机，这台机器的操作非常复杂，某些精细部分还需要手工着色。他们就这样用半手工方式复制出高清名画，他的做法与荣宝斋的水墨仿真印刷应该是一种思路。维尔高尔先生在写作疲劳的时候，就来到印刷机旁给太太打下手，他们就是这样过着他们的艺术家生活。就在这个磨坊里，维尔高尔先生写出了获奖小说《海的沉默》。

老爸讲到这里，高兴地对我们说：“画家、作家只有在这种生活方式下、在这种精神状态下才能创作出真正的佳作。我和你妈妈决定了，以后我们也不再拿国家的工资，不再住在单位的宿舍里。我们都成为自由艺术家、作家，就用我们作品的稿费来养家糊口吧。”

老爸之所以在那个时候敢下这个决心，是因为在1956年中央公布了“百花齐放、百家争鸣”的文艺政策，北京文艺界举办了不同层次、不同行业的各种座谈会。美术界开会提出允许画家离开工作岗位，做自食其力的自由职业画家，还可以成立不同的画派，各个画派甚至可以有各自的旗帜和目标，并破天荒地允许开办个人画展。

在这个春风习习的大好形势下，老爸决定辞掉官职，成为自谋出路的画家。他想，自己也能像在巴黎的那些画家一样，不过老爸是在自己的祖国，或许在艺术创作上会比他们更适合、更畅顺、更得心应手。

1953年，张仃在德国莱比锡

老爸说到这里，我们全家齐齐地击掌叫好。大家都很兴奋，姐姐乔乔扑过去抱住老爸的脖子说：“我们的天才爸爸！”姐姐就是一个心直口快、容易激动的人。因为老爸讲的巴黎故事和他宣布的我家重大转型的计划，似乎把我们全家都带入了一个美妙的梦境，应该说比美梦还美。

老爸坐言起行，我们一家很快就搬出了大雅宝胡同甲2号的中央美术学院宿舍，搬到了景山东街中老胡同2号的两进四合院里。原来这是老爸卖掉了心爱的两套德国徕卡相机，还几乎用完了家里的全部存款，才买下了这个院子。这事儿对我来说却是件好事儿，因为我从大雅宝胡同去北京男四中上学，每天要天不亮就得急急忙忙地赶到南小街上坐24路公共汽车，中途还得换车才能到厂桥。可我家搬到这里，就只要坐一趟3路公共汽车就可以直达北京男四中了，实在是太方便了。紧接着老爸就进入工作的交接程序，同时也开始积极地筹办一本名为《万象》的同仁杂志。

这批资深文艺家的出版计划，也是在这春风和煦的形势下出笼的。经中华人民共和国文化部批准，这本图文并茂的综合性民办文艺杂志将隆重推出。《万象》杂志筹委会开了不下10次的会议，会议通过了10人编委会，其中有：吴祖光、郁风、张光宇、张仃、胡考、丁聪、黄苗子、华君武、龚之方、叶浅予。老爸是杂志筹委会的负责人，并且由他拟定了《同人刊物〈万象〉出版计划》。

《万象》杂志创刊号那时已经编辑完成，我们来看看那份光彩夺目的部分目录吧：张仃著《毕加索访问记》、郁风著《衣饰杂论》、吴祖光著《回忆一出最糟的戏》、艾青著《我写过一首最坏的诗》、叶恭绰著《颜鲁公的书法》、曹禺著《论莎士比亚》等等。虽然我们无缘见到这本杂志，但单凭这目录就足以想象出这是一本怎样出类拔萃的杂志。

可以想象当年他们为此绞尽脑汁，奋勇努力，抱着多大的热情！他们对未来充满浪漫的幻想，信心百倍。这本杂志一旦出世，就会成为这些自由文艺家们生根发芽的园地，也将成为他们艺术不同派别的起航港和竞技场。将把他们1949年前在上海、重庆时代的艺术理想得以实现，并一定会发扬光大。

就在这个时候，中央美术学院国画系的司徒乔教授旧病复发，老爸和我母亲陈布文急急忙忙地赶到香山脚下他的家。赶到的时候，司徒乔老先生已经从医院回来了，老爸坐到他的床前问候。司徒乔老先生说："放心吧，完全没事了。我就是想找个借口把老朋友请来家中做客啊，不然你工作太忙，相见、畅聊也不容易呀。"

司徒乔的太太冯伊眉从冰箱里端出冰奶，倒在杯子里递给我

中央美术学院国画系
教授司徒乔先生像

的父母说："这是我们家自己出产的羊奶。你们尝尝，这是今天早上的，非常新鲜。"说着指着院子里拴着的两只白色奶羊。

两只白色的奶羊被拴在院子的大树下，那棵树是柿子树，放眼望去，红里透黄的柿子挂满枝头，远处的青山郁郁葱葱。

老爸喜从中来，他和司徒老先生畅谈在香山的世外桃源，如何在山中泉边信步、如何在此画出青山绿水。冯伊眉女士和我母亲都是酷爱文学的人，也都是当年的"鲁迅派"，她们在一起也有无数的话题。

老爸老妈回到景山东街的时候，发现如若在北京成为职业文艺家，就应该去香山。可当时我家买景山东街中老胡同2号的房子时，就已经把家底都用完了。在那个年代想卖掉这个两进四合院，谈何容易。老爸老妈只能先买香山的房子，然后景山的房子再慢慢卖掉。于是老爸砸锅卖铁地把家底都扫了出来，但还是凑不够，于是老爸向张光宇老先生借了一些钱。

老爸老妈觉得应该去香山，因为那里已经有了一批先行的职业文艺家。在司徒乔先生家的隔壁住的是《暴风骤雨》的作者周立波先生，他的太太也是我母亲的老友，一位女作家。

另外在司徒乔先生家大院子旁边的小院子里，住着作家关露女士，就是写三十年代流行歌曲《春天里》的作家。在离关露女士家不远的小马路对面的院子里是作家杨沫女士的工作室，她就是小说《青春之歌》的作者。再往南走一段路，一个小农家院里住着作家王莹女士和谢和赓先生。这三位女作家那时都是北京电影制片厂的创作人员，她们接二连三地都搬到了香山居住。这些人当年都是上海左翼文化的朋友，现在都毅然决然地搬到香山，真够果决的。后来我想，那时我的父母能下决心搬到香山，一来是自然环境，

《京西团城》 国画 张仃作

二来是有合得来的朋友。

老妈那段时间几乎天天奔波于香山和景山之间，那时候的交通实在艰难。从景山先坐公共汽车到展览馆，换乘32路公共汽车到颐和园，再换33路长途公共汽车才能到香山。老妈可真有两下子，短短的两个星期她就买下了香山北辛村后街一号的一个标准四合院，院外还有九亩地的果园，外院里还有一栋一明两暗的三间房子，据说当年是给下人居住的。

于是，我们家就又开始了新一轮的搬家，当然也是我们家新生活转型的开始。我是家里第一个远征香山的，当时我正好在家里养病，就陪我孃孃（我的大姨），拿着简单的锅碗瓢盆，一起进驻了北辛村后街一号外院的房子里。虽然那房子多年没人住过，让我先在院子里坐一坐，好在院子里就有个压水机，我就帮孃孃压水，她非常利索，一两个钟头就把那三间房收拾得干干净净。

我们还从果园里捡拾回来一些枯枝，又到村里买了一些柴米油盐还有麦秸，到傍晚时我家的烟囱就冒出了炊烟。孃孃说，这个炉灶十分好用。我们还带来了一个半导体收音机，晚饭后，在大山脚下播放着古典轻音乐。望着香山的黑影衬着背后静谧的星空，身心就彻底地放松了。

不久以后，我的两个弟弟大伟和寥寥也搬来了。我们发现香山比景山好玩多了，香山才是真正的山。特别是只有这里才有的“知了”，叫声都不一样，头顶还有一颗“宝石”闪烁。这里的蝈蝈也很另类，个儿大、色黑，歌声嘹亮。这里可比鲁迅写的百草园大多了、美多了，依山傍水，包罗万象，这里才是我们孩子的天堂。

香山真的是适合成为自由艺术家的世外桃源，老爸和司徒乔可以经常一起饮茶作画。老妈可以去和王莹聊天、可以去和关露谈

歌曲《春天里》的词作者关露

心。杨沫那时有一段时间去河北体验生活了，就把她的工作室借给了我们家。我家孩子太多，可当时那个四合院还没装修完呢，所以住不下。

1956年秋后，老爸在香山开始了他的自由艺术家的日子。一般来说，美梦都不会太长。1957年夏，我们都知道的原因，使老爸张仃的这个梦戛然而止。自由艺术家们重回体制内走马上任，那就都是后话了。

意外境地的罗曼蒂克

1970年2月9日大年初四，监狱的人们这两天遇上了难得的伙食改善，肚子里终于有了点儿油水，混了个肚儿圆，大家的心情就开朗了起来。

刚喝完早饭的粥，张所长就提着镜面盒子炮上了房，解放军也在房上架起了机枪。这里的犯人们，非但不会为此而紧张——对他们来说这早就是家常便饭了——反而都兴奋起来了。人们嘀嘀咕咕："有戏！今儿肯定有戏！"哪出戏并不重要，有戏就有的看了。

张所长看各路人马都布置齐了，在房上开始发话："田寿鹏，出来！"这时库房门被打开，被叫到名字的人自己把行李搬出来，然后到库房把自己的东西拿出来，在院子里就地打好铺盖卷。大家都兴奋无比，人挪活，树挪死嘛，再不挪，我们的耳朵后头该长青苔了。

"索家麟、王涛、宋惠民、朱章涛、田树云、张郎郎……"张所长挨个儿点着名，接着他还点了我的同案人等。我同屋的其他人都对我拍拍打打，表示祝贺，说："好啊，你小子发了，别忘了我们哥儿几个。"我一边收拾东西，一边说："发什么发，纯粹是'骑驴啃烧饼'——这把骨头指不定扔哪儿呢！"人们纷纷说："挪就好，挪就好。"

《曙色暖心》　油画　张郎郎作

干净麻利快，没过几分钟，被点名的七八个人收拾好了行李蹲在院子里。然后，张所长一个一个地往外叫，间隔大约五分钟。

轮到我出去，到了外院儿一看，头皮顿时就麻了。先出来的那几位都已经加工过了——被砸上了死铐、死镣，还都带着铁链子，和电影里见过的那些死囚的行头差不离。我被命令坐在地上，两个警察叮咣几下给我砸上了死镣，又给我砸上了死铐。我想也许这是为了押解安全，所以才搞了这么大的阵仗。

然后，我们这些人被命令起立，走向大门外。大年初四的饶阳县城响起一片清脆的脚镣声，打破了清晨的寂静。

20世纪70年代刚拉开帷幕，没想到我们就闹出这么大一个动静。我们走到监狱大门口，这条街已经被封锁了，远处街口堵满了翘首观望的市民。我们自己提着行李，走到车边交给警察。他们和当地的工作人员一起，把我们的行李绑在汽车顶上。我们这些叮叮当当的人，陆续上车坐在指定的位子上。

一位警官在开车前宣读了文件，那文件并没说我们为什么要挪动，去哪儿，干什么，只是警告我们在押送途中，必须老老实实，否则“勿谓言之不预”。

路过冀县，又有一批犯人上来，打头儿的是位名叫孙秀珍的女犯，在监狱学习班的时候，我就和她认识了，她可是这儿的第一大美女。后来，我又和她的同案犯田树云大夫关在一起，可以说，我和他们俩都是老熟人了。她和我对视的时候，微微一笑，看来她在冀县也关烦了，也觉得只要挪动就好。

她这个名字听起来简直俗不可耐，可她那个人，绝对清纯出众。我们进了监狱学习班，第一次集合的时候，她的身影就吸引了我。那时候，我在监狱里已经关了一年了，人们说，这时候男犯眼里“母猪都赛貂蝉”了。可我到底还是美术科班出身的，别看她一点儿不张扬，一点儿不打眼，低眉顺目，却有说不出的温柔且迷人，在铁窗水泥墙中，更透出了一股不凡。那会儿，多数男犯的目光都被外号叫“馅儿饼周”的那位女士给吸引住了，那位女士还真是北京著名老字号“馅儿饼周”家的嫡孙女。可能因为是回民，所以皮肤白里透红，浓眉大眼，人也爽朗、大方，所以能够抓住众人的眼球。

当时，孙秀珍的风度与众不同，是典型的知礼小女子。我开始误以为她是个日本女孩儿，因为听别人叫她的时候，听错了，以为她叫“库里”或者“库里娃”。我同屋的薛新平是国际关系学院日语系的学生，他悄悄地告诉我：“如果发音是库里的话，那就是黄昏的意思。这名字真的很符合她的形象，那么迷茫、那么优雅。”原来，他也和我一样为她晕菜了。薛新平就在自己的板凳上，用毛笔写了类似“暮扎”（实际是日语“暮れ”）两个字，这在日语里读作“**たそがれ**（塔叟嘎莱）”，意思是黄昏。每次开会，他就故意亮着板凳上的字样经过孙秀珍的身旁，可她视而不见，一点儿反应都没有。薛新平以为，这是她应有的矜持。

后来，我和我的同案不知天高地厚，似乎忘了这是什么地方，半夜里推心置腹，发现我们俩心仪的对象并不重合，都松了一口气。他告诉我：他喜欢的是“馅儿饼周”，我告诉他我喜欢的是“库里”。我俩反复商量如何向她们表白——在铁窗中照样有热烈真诚的爱慕。

有一天开大会，“馅儿饼周”姑娘带领女犯的队伍入场，她是小组长。看得出来，她这种长相的人，单纯大方，心地善良。老天有眼，那天“馅儿饼周”姑娘正好就坐在我的前左方。好啊！机不可失，时不再来。我连忙写了张纸条：“周同学，你好。请问，坐在你后面第三位的那个女同学叫什么名字？你能告诉我吗？张郎郎。”我把纸条叠成了团，回头看看没人注意，低声说了一个字“信”，手一甩就扔

《随他》　油画　张郎郎作

到了她的鞋边儿。她似乎没听见也没看见，直视着前方，认真听讲，还一边儿记着笔记呢。我心里开始七上八下，糟了，要是她不接这茬儿，我不就现了吗！我心如打鼓一样地咚咚响。等我再仔细一看，那纸条已不见了踪影，我松了口气，这姑娘真够麻利的。我又回头假装四处张望，大家都在认真听讲呢。她自言自语地咕哝说："小心有狗。"嘿，她真是胆大心细，还不忘给我提个醒。

散会时，"馅儿饼周"站起来整队，带队退场。路过我跟前，她望着前方喃喃地说："原来意在沛公啊！"哎呦喂，原来她已经看了字条，还不大高兴了，这误会可别让她就此跟我翻脸啊！我的心里又开始打鼓。

直到下一次歌咏活动，“馅儿饼周”路过我身边，她也扔给我一个小纸团：“张同学，你好。她叫孙秀珍。这样通信太危险了。以后，你把纸条用图钉钉在土箱底下。”回去我和同案看了这封信，喜出望外。嘿呀，这女孩子真聪明，简直是个天生的地下工作者。于是，我们俩赶紧分别给她俩各写了封信。傍晚倒土，我们俩自告奋勇，抬着土箱把垃圾送到院外的垃圾站，纸条就钉在箱底儿，把土箱就留在那儿，要到第二天早上才取回土箱。

我们就这样建立起秘密的通信渠道，我和我同案天天帮男犯院子倒土。女犯那边呢，是由“馅儿饼周”姑娘和学生李世佺倒土。后来，李世佺告诉我，“馅儿饼周”很聪明，她知道孙秀珍案情严重，而她和小李从进监狱就关在一起，信得过，“馅儿饼周”决定让小李跟她一起倒土。刚开始，周姑娘没想到我的同案会给她写信，有点儿意外，犹犹豫豫，但我同案勇往直前，坦诚热情，很快他们就进入白热化了。我和孙秀珍的通信也迅速升温，当然，这一切都在虚拟幻想的世界中。但在那个年代，谁都没想到会在监狱里发生这样的童话故事，我们四个人都非常珍惜。在监狱学习班，几乎所有犯人都发现就我们四人精神抖擞，跟“打了鸡血”似的，觉得其中必有蹊跷，时不时旁敲侧击，而我们俩只管装傻充愣。

在学习班“认罪”阶段，孙秀珍作了发言。我才知道，她和我一样都有“里通外国”的罪名，而且她的案子里还有一位男性的主犯田树云。这田树云可不是等闲之辈，我想，他一定是孙秀珍的男朋友。他告诉孙秀珍，为了未来的幸福，她必须把一些信件投入苏联大使馆的小轿车里。孙秀珍从小就没关心过政治，为了自己爱的人，她铤而走险，居然十九次成功地将田树云写的书信，投入那些黑牌车里，一次都没被抓到过。最后一次，也许是她看花了眼，也许是公安局下了套儿。总之，那次投信后，很快他们就被捕了。

即使知道这些，也没有影响我继续给她写情书的热情，她和我的通信中，对那个主犯田树云一个字也没提过。

那时候在监狱，早已告别了社会上的生活与身份，交换着柏拉图式的情书，我们都很愉悦，读得脸红心跳。那是黑暗的日子里最艳丽的一道光芒，显示着顽强的生命力。

可惜，在“一号通令”下，我们并没被分配到同一个地方。

我们是邻县，她和英若诚、吴世良两口子，学生李世佺等人都被发配到了冀县。她从冀县上车，举手投足还是那么风韵卓然。她看到我的时候还有些害羞，脸微微一红，低头笑了，显得那么天真，那么动人心魄。

然后这车就撒开了往北开，路边的城镇飞速后退。深州、安平、献县、河间……我知道了，这车离北京越来越近了。我兴奋了起来，本以为在这备战时期，一时半会儿绝对回不了北京呢，这一大挪动还真不赖，心里就涌现出小学课本里的诗句：“车过鸭绿江，好像飞一样。祖国，我回来啦！祖国，我的亲娘。”在我心里改成了：“北京，我回来啦！北京，我的亲娘。”可惜，那时候的汽车可没现在的那么快，还没像飞一样快。

一直到第二天凌晨两点，我们的车才开到北京。轻车熟路，又开回了北京市公安局看守所——半步桥四十四号。

几辆大轿车停在看守所的操场上，操场四周里三层外三层地围满了警察，在警察外面，还有荷枪实弹的军人。那时候的警察也都穿军服，不过他们没枪。在这地方，我们管警察都叫队长，管军人都叫班长。从这些大轿车里涌出了几十个全套打扮的犯人，在队长

《印象》 油画 张郎郎作

们的指挥下，我们稀里哗啦地走向操场西北角的小门。

我顿时明白了，今天的“戏”是要命的戏！我们被关进了死刑号。

人，是有预感的。在饶阳县的时候，有一天半夜我从噩梦中惊醒。醒来以后，梦中的画面还在眼前挥之不去。我梦见和许多朋友，坐着大卡车在黑雾里行进，感觉还是在被押送中，但是四周见不到警察。那卡车就开到一条奇怪的街道上，街道两旁有无数的小巷。我们的卡车开到每个小巷前都停一下，为的是看清小巷口悬挂着的巨大白幡。那些白幡上，有许多黑灰色的影像，如魑如魅，似乎都是注定的鬼魂。我心里明白，这些都是即将执行死刑的人们。怎么会这样呢？突然，我明白了，这辆卡车里的人，现在还都活蹦乱跳，我们也将进入某个同样的小巷，我们也将化为鬼魅似的影像……这时候，我一身冷汗醒来了。当时还庆幸，还好不过是个噩梦而已。

如今，这个噩梦几乎是不差毫厘地再现了出来，我想，那一个个的小巷就是一批批被执行的人，我们就是急匆匆的后来者，而判处我们死刑的资料，就是那些巨大的白幡。

进了死刑号以后，每天即使入睡也绝不香甜。每时每刻一种尖锐的肉体痛苦无法停止，如刀割心头。那时的噩梦已经没有了以前的那种复杂情节和过程，老是梦见自己漂浮在漆黑的地铁里，地铁里似乎发生过地震，到处都是横七竖八的钢铁框架、水泥碎块、石柱木梁，我就被挤在一个狭小的夹缝中，冰冷的地下水一点点地漫上来，自己的鼻子紧贴在地铁的穹顶上，清楚地知道很快就会窒息，没有任何逃脱的可能性，只在等那冰水最后的淹没。

每天在醒来的前一秒钟，似乎心里快乐了一下，哦，原来是梦。

可是立刻又在尖锐的痛苦中想到，原来我还没死，可是我就在死刑程序中。人生，多数时间都是非常单调和无趣，只是在无边苦海中挣扎而已。没有什么值得你去回忆，只有两种状态，让你难忘：要么你在苦海里急速下降，随时会被溺毙；要么你从海底迅速上升，将吸到新鲜空气，会看到蓝天白云和阳光，还有你苦海的地平线。在死刑号的日日夜夜，我都被压在铅一般沉重的水底，在终极前苟延残喘。

那些日子里，每天都要进行两场批斗。有一次，在重型机械厂礼堂的后台等候出场的时候。孙秀珍进来了，她和我打了个照面。她已然不像在学习班那样——仪态万千，甚至还不如在冀县上车的时候。她一副心如止水的模样，看到我时微微一愣，眼圈儿顿时就红了。

在队长的命令之下，我们俩都坐在地上。

她肩膀抽搐着哭了，女队长轻轻地踢了踢她，说："哭什么哭！今儿又怎么了？你不是挺横的吗？"她似乎无知无觉，自己继续啜泣。

多年以后，我遇见了她当年的同屋——北京医学院的学生李世佺。她告诉我，孙秀珍的家是个小康人家，有姐妹三人，1949年前父亲是个小业主，很早就过世了。三个姑娘都心灵手巧，特别能干。

老二孙秀珍骨子里是个爱情至上的弱女子，却也是典型的"红颜薄命"。她命苦，先嫁给了一个每天下班后得先到母亲和大姐那儿去报到的卑微男士，她咬牙过着乏味的日子。她是从北京医士学校毕业后，分配到北京挑花厂当厂医的，那是一个集体所有制的小厂，没想到在那儿遇见了复员回来的厂医田树云。老田顿时对她展开了疯狂的追求，海誓山盟一定要娶她。孙秀珍后来对李世佺说，女人一辈子就是在等着被人全身心地爱。

为了田树云，孙秀珍毅然决然地向丈夫提出离婚。这下她周围一下炸开锅了，从里到外骂声四起，但最后居然被她离成了婚。可是，田树云这时候却没接她这个茬儿，竟和另外一个出身好的姑娘结婚了。孙秀珍这时候才知道，爱情再浪漫也抵不上现实的分量。

“文革”爆发了，田树云在厂里的日子也不好过。也许家里的日子渐渐没意思了，他又卷土重来，告诉孙秀珍自己真正爱的人还是她，在现实社会中，他没钱没势也没有前途，他们的爱情是没有结果的。他还说，他已经和苏联联系好了，只要孙秀珍帮他一把，定期把他写的信件投入指定的汽车里，建功立业以后，他们就可以比翼齐飞，一起到苏联去过神仙日子。

孙秀珍压根儿对政治一无所知，也从来不关心。这时候，她对田树云的感情也半信半疑，可是看他一脸真诚，孙秀珍决定赌一把，万一是真的呢？就这样，她变成了这个案件的胁从犯。

进了监狱以后，她一直和李世佺同学及吴世良女士同屋。经过多少次提讯，她才知道田树云讲的故事不过是天方夜谭，是在利用她对爱的向往。在监号里，她心灰意冷、万念俱灰，所以，平时温柔可爱的她，一旦面对刁难她的女队长，顿时横眉立目、异常勇猛。难怪吴世良女士说：“小孙，天生一个美人坯子，乌黑的头发，水汪汪的大眼，窈窕的身材……没想到，面对强势从不低头。她外表是美貂蝉，骨子里却是猛张飞。”

李世佺告诉我，其实听吴世良女士这样说，她也不以为然。那时孙秀珍只是被逼到那份儿上了。她原本一心就想当一个小女人，等待有人来疼爱，可是命运捉弄了她，让她面对铁窗，她只能刚烈。

在学习班里，我们之间交换的书信，我写的那些类似法国诗

《剔透玲珑》 油画 张郎郎作

人沙尔·波德莱尔的忧伤情书，给了孙秀珍瞬间的喜悦和安慰。或许，那只是她暗夜中的一缕微光。我写的那些信，她只给李世佺一个人看过。

一次她们嬉笑着看完以后，李世佺说："他这么动心动肺地喜欢你，将来出去以后，没准你们俩还真有戏。"孙秀珍苦笑着说："我已经是残花败柳了，而他不过是个学生，是个孩子。他哪儿知道我呀，等他了解我了，还有什么戏？我们只有此时此刻，哪儿有什么将来。"

孙秀珍说的也对，在那个时刻，外面的世界和我们无关，我们已经属于了另类的人群。以前喜欢我或者我喜欢的女孩子，我那时候已然不抱任何幻想，知道绝对不会有什么"将来"了。孙秀珍——"库里娃"，就是我黑狱中娇柔的花朵。

那天哭泣的孙秀珍就坐在我旁边，几天的批斗之后，我们都已经是蓬头垢面，手腕脚踝全都血了呼啦。她嘤嘤地哭着，似乎是在回答队长们，其实我知道她是在对我说："我这辈子，过得太不值了。来都不知道为什么来，走也不知道为什么走。刚想好好活下去，才发现再没有这个机会了。"

女队长厉声地呵斥孙秀珍："别胡说八道，宣判你了吗？你只有老老实实地接受批判，才有出路。"她停止了呜咽，说："什么出路不出路，我清楚得很。我不是和你们过不去，只是为自己的这辈子伤心。"

这场批斗会我们俩是主角，起立准备上场的时候，我们有机会对视了一下，我努力对她微笑了一下，微微地点了点头。孙秀珍的一双泪眼望着我，依然那么楚楚动人。我想，她也是在为我伤心，她读懂了我。

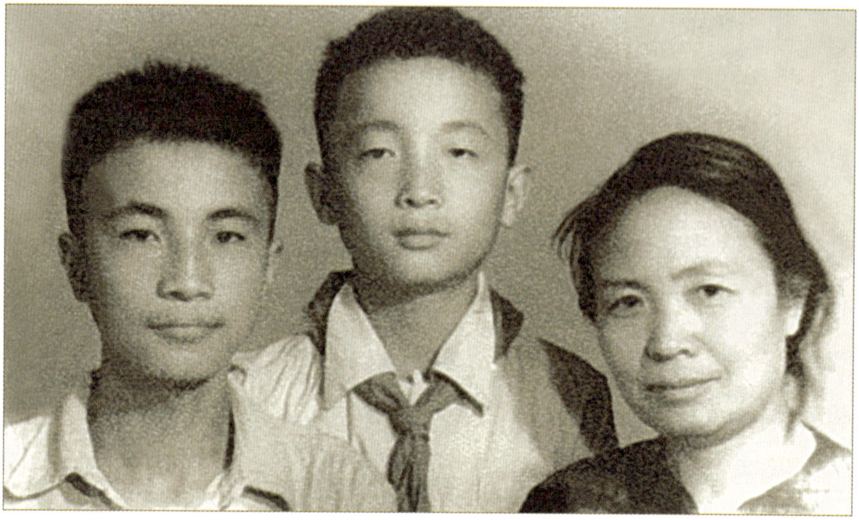

1961年，妈妈陈布文和弟弟大伟（左）、寥寥（中）

那时候，我们每天至少出去被批斗两场。在这几十场的批斗会里，有两场是我永生难忘的。

一次是，我被拉回自己的母校——中央美术学院，把我拉回那个熟悉的舞台，我曾经在这个舞台上扮演过古希腊的寓言家——伊索，在全剧结束的时候，我站在这个舞台上，这样高呼过：“人们啊，听听伊索最后的一个寓言，狼问狗：‘是谁把你喂得这么肥胖？’狗说：‘我的主人！’狼高喊道：‘我与其饿死，也不戴上那条锁链。’人们啊，让我作为一个自由人而死去吧！”没想到今天我居然会回到这里，重复着千年前同样的故事。

那天，现场激动地发言，要求枪毙我的老师、同学，并没让我伤心。我知道，他们一定是迫不得已，他们只是期望自己能好好活下去。人们在生死这个关口，扮演着不同的角色。我想，作为演员，我比他们演得更为真切。

另一次，我被拉到父亲任教的学校——中央工艺美术学院，同时他们把我父亲张仃和我年幼的弟弟寥寥押在台下陪斗。那天，我看到老爸的头发全都白了。他为我如此担忧，更让我难过。很久以后我才知道，当老爸得知我被判处死刑后，一夜之间白了头。

我看到幼小的弟弟长高了。他那么无助、瘦弱，真希望他能走出我这晦气的阴影。我期望他们能理解我，可是我却无法说出一个字。

为了让父亲和弟弟知道我依然身心健全，在走入会场的时候，我放稳了自己的脚步，铿锵有力地蹚着我的重镣。这道具很质朴，你蹚好了，那声响相当沉着。我老爸和弱弟也都不含糊，他们和我一样平静地面对群众的疯狂，淡然处之就是刚强的心态。

当批斗者第一次喊“现行反革命分子张郎郎”的时候，中间的警察就扯住我的头发往后一拉，让我在群众面前亮相。从第一次批斗开始，我就知道了这个程序。从第二次开始，每当我将被动亮相的时候，我已经准备好了一个平和、友善的面孔。我想让人们知道，我没有被粉碎，也没有被打垮，我不是你们心中的假想敌。这次，我给这场批斗也准备好了一个微笑的亮相，参加过这个批斗会的人，应该是记得的。

很久以后，我听说在同一天，居委会主任和两个警察来到我们家，他们要找我妈妈谈谈。他们知道我家孩子多，万一有人想不开，会有更严重的后果，所以我妈妈得首先想得开。妈妈一个人坐在阳台上望着远方。警察走上前来，说：“你孩子犯了大事了，又赶上点儿了，你可得想开了。这会儿谁都没办法。你们家的人，可别胡思乱想，别出了岔子。”妈妈平静地说：“我小时听说过车尔尼雪夫斯基他们，因为写东西被判处死刑，那时候他们就是我心中真正的英雄。没想到我儿子也成了这样的人。我没什么想不开的，我为他感到骄傲。”主任连忙对警察说，老太太疯了，快走，快走。

警察为了赶时间，往往就把我们直接扔到卡车的车厢里。我们的脸就被车厢底部的铁皮蹭出血道子。我的手腕和脚踝都被镣铐磨得鲜血淋漓，只得撕开自己的衬衣，嘬着牙花子，慢慢绑裹自己的伤口。这哪儿是要处死顶天立地的野狼呢，这就是想让你像条癞皮狗一样被折磨。这时候，我才明白了什么是“只求速死”的心态。

当然，什么事都有例外。有一天，我们被拉出死牢，没想到天气居然开始转暖，天也晴了。也许是天气的关系，队长们的脾气也见好转，也有点儿耐心法儿了。这天，他们没把我们扔到车厢里，居然还搬了一把椅子，放在卡车的旁边。两个警察把我一举，我就站到椅子上了。车上的警察又拉了我一把，我提着脚镣轻轻一跃就上了车。卡车两边坐满了警察，我就坐在中间的地下。这时候我看见一个熟悉的身影也被架上车来，那就是我心中的“库里娃”——孙秀珍。她今天的状态好多了，大概她也想开了。

孙秀珍似乎好好地梳洗打扮了一番，她比在学习班的时候消瘦了不少，却更显清秀了。原来这辆大卡车只拉我们两个人。我想，大概今儿就是我们的大限了。最后的日子，能有一个心仪的伴侣，还不错嘛！

队长叫孙秀珍和我背对背地坐下，临坐下来时，她假装看落座的地方，在百分之一秒中，我们交换了深深的一瞥。不知怎的，我心里那个微小的金色火苗，瞬间被她的目光催化成了熊熊烈焰。

我穿着一件蓝色的棉大衣，孙秀珍穿着一件碎花的小棉袄，我们温柔地靠在了一起。周围的警察互相打招呼，开着玩笑。他们和我们是两类人。这会儿，他们眼里没有我们，我们也对他们视而不见。

此刻我心里只有她——优雅的“库里娃”。车开动起来了，我用自己的肩胛骨紧紧地靠着她，她也在尽量地靠近我，我们的生物电和热量通过后背暖暖地交换着。在那段时间里，我心里慨叹不已，没想到在死刑号，我还能和她有一次真正的零距离接触。两个死囚就这样紧靠在一起，在那些日子里，这是唯一的甜蜜。

原来，我们是被拉到官园体育场去参加批判大会，我们俩是唱头牌的。同场有一个师大女附中的孩子叫文佳，她和北医的学生李世佺是一样的案子，她们都是“反动日记犯”。后来，听说她们俩都判了十多年徒刑，比我们强点儿，我们都已经是死囚了。大概那几批死囚中也就我们俩，还在坚持着最后的浪漫。

晚上，我们在回死牢的路上，两人还是背靠背地坐在车厢的地板上。我们运气不错，回来的车是个大轿车。穿过长安街的时候，辉煌的灯火穿过车窗闪烁在车厢里，投下斑斑光影，这给我们最后的浪漫抹上了几道光彩。我们一会儿轻柔一会儿紧密地靠在一起，我心想，要是天天能这样出来批斗也就值了。但我心里明白，没那么多时间了，也就这几天了。

第二天(1970年3月5日)早上大约四点多钟，我听见许多卡车开到我们的墙外。五点钟就让我们全都起床了，每个人发了两个窝头、一块咸菜，没有菜汤，也不给水。我知道，去刑场前还得参加一次公判大会——最后的审判，所以不让我们饮用任何液体。六点钟左右开始叫人，也是隔几分钟叫一个。我们安静地坐在炕箱上，等待着最后的点名。我听见，他们叫了遇罗克、田树云、孙秀珍、王文满、宋惠民、索家麟、王涛、沈元等。

这些都是我认识的，还有我不太认识的北大毕业生顾文选等。我听得见，每个人都是蹚着脚镣走到小院里，然后“轰隆”一声就

《海边的女孩》 油画 张郎郎作

被摺倒，随着就听见囚犯短暂的挣扎声，口中呜呜地哼几声就安静了下来，然后被架上汽车，这辆车开走，另一辆汽车开始缓缓开来……

我等着，等着，等到最后，听见他们竟然把死刑号的筒道大门都给关上了。这次没有我？！是的，没有我，也没有我的同案。

筒道里死一样的寂静。那天，他们都没有回来。孙秀珍——我的“库里娃”，她真的就这么走了？我不知道。虽然我还苟活着，却从此再也见不到她了……

小提琴家杨秉荪

一

我要讲的这个故事发生在石家庄市河北省第二监狱。在此之前，我先在北京著名的半步桥北京市公安局看守所练了三年闷功；然后，转移到河北饶阳县大狱，又在那里练了三年饿功。六年之后的1974年，我从死刑未决犯改判为有期徒刑十五年，还带个“刑满后剥夺政治权利五年”的尾巴。

对一个死里逃生的死刑未决犯来说，能当个堂堂正正的劳改犯，已经是一步登天了，更何况我将要去的中队是有条件的：必须是死缓、无期或至少十五年徒刑以上的重刑犯，并且必须身怀绝技，能说能干，手脚利索。这里不收等闲之辈。

我背着行李在饶阳公安人员押解下进了河北省第二监狱的办公室。警官抬头看了看我，对旁边一个看热闹的犯人说：“小王，你们给他松开。”那个小王忙上来给我松绑，一边解绳子一边说：“嘿，哪儿是绑人呢，简直是勒猪啊，这么虐待犯人，你可以告他们。”队长一边看判决书，一边笑着说：“你少说两句吧。”我一言不发，心想：“这小王胆子也忒大了，怎么跟队长说话呢！”这六年里，我从没见过犯人当着警察敢这么说话，更没想到警官居然没打他、没骂他，还笑着和他有问有答。

看来这儿的犯人已经从最底层上升了至少一个台阶，这里的游戏规则和之前的看守所完全不一样了，我不由得暗自心花怒放。

队长看完我的卷宗，轻轻地哼了一声说："还是个大学生呢，你们把他送到零修组去。"所谓零修的意思就是随到随修，可能就是两把榔头、一把改锥的活儿。后来我才知道这是个重大的恩典，零修组看起来很简单，其实这儿才是高手云集的地方。监狱里的这个汽车修配厂是归省公安厅管，专为公安系统服务。重刑囚犯给警察修车，听起来似乎有点儿荒诞、有点儿悬，其实仔细一想你就明白了——这些重刑犯个个都在生死边缘的刀刃上。当年，饶阳县看守所的张所长就是这么说的："你们都和蚂蚱一样，过去趴在锅台上，现在趴在锅沿儿上了，一不留神就进了油锅了。"如今能让你们修车，能不精益求精么？

跟我一样因"反动言论罪"进来的杨秉荪可就没有这么幸运了，他被判了十年，少了一个"重刑犯"的必要条件，他就进不了零修组。来之前，他是中央乐团的首席小提琴手，可监狱里不管这个，给他分到了施工队，那可是重体力活儿。中央乐团首席小提琴演奏员的手，用来搬运水泥墩子、水泥块儿——纯属暴殄天物。

他们哪儿知道杨秉荪不同凡响的来历呢。

二

杨秉荪个子不高，温文尔雅，他那一口略带南方口音的标准普通话，慢条斯理。他还会说地道的四川话、上海话，就差地道的老北京话了。北京方言他不是不懂，而是不屑得说——嫌它太贫了。

杨秉荪在红色摇篮里度过了童年。他是个孤儿，在陶行知先生办的重庆育才小学里长大。他是个音乐天才，陶行知先生是名副其实的伯乐，特意请马思聪先生、黎国荃先生来指教小杨秉荪的音乐课。

那个学校有很多老师都是共产党的地下党员，也有人说，这个学校相当于八路军办事处的儿童团。当时正值国共合作时期，周恩来、邓颖超夫妇常到这个学校去看望这些成长中的孤儿，杨秉荪等学生都把周恩来伯伯当成自己的父亲，周恩来也一直把他们当成自己的孩子。

杨秉荪二十岁那年，新中国建立。

1950年，他随中国第一个青年艺术代表团，到以苏联为首的社会主义阵营的东欧各国去巡回演出，走到哪儿轰动到哪儿。谁会想到，新中国的青年艺术家们能有这种水平。后来，代表团中几位佼佼者去柏林参加了世界青年联欢节，杨秉荪的小提琴和后来成为他妻子的邬漪丽的钢琴，都成功地为祖国争了光并拿到了金奖。

在周恩来总理的关怀下，新中国的几位青年艺术家留在了苏联继续学习，杨秉荪就是其中之一，之后他又被送去匈牙利深造。回国后，他自然就被分配到当时中国最牛的交响乐团——中央乐团。自此工作到1966年，他从来都没有中断过小提琴的练习。小提琴是他事业的根基，也是他迷倒观众的魔棒，更是他人生征途上的贴身利器。

一声惊雷！“文化大革命”拉开了序幕。在交响乐《沙家浜》还没上演之前，西洋乐器和它们的主人们，统统都被打翻在地，还踏上无产阶级的无数只大脚。“红卫兵”和“造反派”已经明令宣布，不准他们再拉琴、再弹琴或者再吹奏了。

可杨秉荪却依然偷偷地练琴，他把指法与运弓分开来，不让琴发出声音。无独有偶，被打断手指的钢琴家刘诗昆，也在无声地练习弹钢琴，他把窗台当作钢琴的键盘。那是一个无声音乐流行的年代。

在“抓出造谣坏人”的一声令下，杨秉荪和我还有成百上千的人一起被“扭送”到了各个公安机关。这时候，杨秉荪才第一次不得不和他的小提琴“一刀两断”。

说来有趣，我和杨秉荪并不是头一次同监，在饶阳看守所我们就是狱友，他曾经给我讲述在匈牙利受到的震撼。1956年的一天清晨，苏联坦克轰轰隆隆开进了布达佩斯，一辆辆战车排成一字长蛇阵，大地都在颤抖。匈牙利人居然还有零星抵抗，苏军的坦克就开炮回击了。杨秉荪住处的对面是座五层大楼，炮声一响，这座大楼的整面墙就“咔嚓嚓”地垮了下来，似乎是被巨人掀掉了朝向街面的墙，眼前的大楼立刻变成了一台布景。家家布置得整齐舒适、井然有序，最不可思议的是，几乎每家都有一架斯坦威钢琴。他站在窗口，惊愕、惊讶、惊叹！当年，全北京只有一架德国制的斯坦威钢琴，还相当老旧，当时那可是国宝级的稀罕物啊。

杨秉荪在1991年到美国的休斯敦，他在那儿教孩子们拉提琴，2017年5月3日他离开了我们。

如果不是他当年在监狱里告诉我，布达佩斯不可思议的文化底蕴是我无法想象的。至于现在斯坦威钢琴（无论是美国产的还是德国产的）已如烂漫山花遍布中国大地，那年头儿谁都不可能想到会有这么一天。

三

1975年，杨秉荪的天时到了，邓小平已经复出，全国都在恢复调整中，监狱里的气氛也相应好转。地利呢，就是第二监狱是大城市里的一个大型机构，相对稳定，有发展空间。人和呢，我们的费狱长喜欢读书，也喜欢文艺。他想要让监狱的气氛焕然一新，把改造思想的“灵魂医院”推上一层台阶，在劳改系统中闯出一条新路。

于是，费狱长一声令下，让每个中队都得准备新年的文艺节目，优秀节目还可算是改造成果的一部分。各大队和中队摩拳擦掌，挖掘文艺方面的潜在人才。从艺术团体扭送来的“现行反革命”，原先根本没人待见，觉得这些人要技术没技术，要力气没力气，全是废物点心。但此一时彼一时，这些人顿时变成香饽饽了。

中央民族歌舞团的歌手小左、中央乐团的男高音小王、电影学院的三位青年教师、中央芭蕾舞团的小丁、中国京剧院的小齐等等，差不多都是属于“一打三反”运动时期抓出来各大案的案犯，有的是“造谣者”，有的是“传谣者”，还有写错标语的、喊错口号的，原来分布在各个不同的狱所，这时期从采石场的山沟里、从铸造厂大炉边、从青纱帐的玉米地里，他们一个一个被选拔回来，开始发光发热。

中队为了让杨秉荪表演好这个节目，让他写信给前妻邬漪丽，请她把小提琴托人带到监狱来。可当队长听说这把琴价值的天文数字，当场就傻了眼，于是，狱部决定派最靠谱的人专程到北京去取。

邬漪丽是祖籍上海的华侨，当她听说杨秉荪栽进一个大案时，立马吓蒙了。当时中央乐团被称为“样板团”，邬漪丽不得不赶紧找到军宣队开介绍信，再找法院去申请离婚。杨秉荪接到离婚通

左起：杨秉荪、小泽征尔、艾萨克·斯特恩在演奏会上合影

知书，二话没说，干净麻利脆就签了字。绝对没哽没泪，人家那是什么层次的人啊。

邬漪丽与丈夫办了离婚，保住了她的政治生命和中央乐团独奏演员的位置，心里的一块石头算是落了地。同时，她也满腹心酸，为杨秉荪的不幸突变而难过惋惜，也为他们过去共同的日子伤感万分。如今，杨秉荪人在监狱，他的东西就封存在他们曾经的家里，包括那把贵重的小提琴。

第二监狱派去北京的几位队长，到底都是公安战线的老将，几经周折，总算把这把珍贵的小提琴“全须全尾”地带到了石家庄。当费狱长把这把小提琴递给杨秉荪的时候，他双手发颤，那脸上的表情更难以形容，无法描述。仿佛他接过来的不是一把小提琴，而是个“十世单传的婴儿”。

四

这是我来第二监狱后的第一个新年联欢会，我亲眼见到杨秉荪如何从“乌鸦变成了凤凰”。

一曲《新疆之春》的小提琴独奏，让现场六千多男女重刑犯如闻仙乐了。此曲只应天上有啊。

可想而知，杨秉荪是中央乐团首席小提琴演奏家，过去在北京要听有他演奏的交响乐买张票都难，要是古典名曲，更是难上加难了，不但票价高，而且是一票难求。所有想听的人，得到东单售票处领号，彻夜排队。北京人那会儿有这么个说法：“砸锅卖铁弄一耳朵贝多芬。”

杨秉荪的小提琴高水平表演，在第二监狱真有点“牡丹花喂

杨秉荪（中）与斯特恩（右）在交流

牛”的意思，五湖四海的犯人哪儿品得出这等芬芳。不过这曲子是以新疆民歌为主旋律，至少听着耳熟，符合国人的欣赏习惯。再说，他们此前不大明白小提琴为何物，这回算是开眼了，也看明白了。演奏者用脖子夹着琴身，用琴弦拉出这么个速度、这么个旋律，再弄出这么个响动——实在是太不容易了。

随着《新疆之春》旋律的余音，“杨秉荪在第二监狱服刑”的消息不胫而走，传遍石家庄，甚至传遍河北省。到了第二年的新年晚会时，来了许多“贵宾”，都是为了听杨秉荪的琴声而屈尊“入狱”的，特地来参加犯人的新年联欢晚会。这些“贵宾”里，有河北省军区文工团的演员们，有“支左”军队的首长们，有“省革委会”主管公安或文化单位的官员们，还有他们的家属。

这下子，杨秉荪“鸟枪换炮，咸鱼翻身”了，大队部想把他调到别的中队去，可建筑队的主管觉得天上掉下来这么个活宝，对所有提出调动要求的一致回答：“没门儿！”

过去，他们让杨秉荪天天浇筑水泥块儿，把他累成了椎间盘突出，疼起来坐不起来、躺不下去，只能整夜趴在床上。如今，他们死活都不让他再去干这种累活了，先把他送到第二监狱的医院里，理疗、推拿、拔罐子，中西合璧全活儿，并让他好好恢复，平日就让他干点轻活儿，剩下的时间还让他练琴。每个星期他还有机会坐着队长的吉普车出监一两次，那是要他去给某领导的孩子上小提琴课。他不但放了个大风，也得了点儿口福。

1981年有一部美国纪录片《从毛泽东到莫扎特》，获得了当年奥斯卡最佳纪录影片奖。片子记录了俄籍美国小提琴大师艾萨克·斯特恩1979年对中国的访问。这片子非常有趣，对我来说更值得一看，因为在这里就可以看到我的老熟人杨秉荪。

他和我都是1977年下半年被释放出狱的，他回到中央乐团，人们大吃一惊，近十年的牢狱之灾后，他的手艺居然没丢。

小提琴大师艾萨克·斯特恩来中国，杨秉荪是主要接待人员之一。首先因为他是中央乐团的副团长，是首席的小提琴家，更实际的原因是，在这些演奏员中他的外语最好。在影片里，你可以看到艾萨克·斯特恩先生和乐团一起排练莫扎特《G大调第三小提琴协奏曲》，杨秉荪就坐在乐队第一小提琴手的位子上。你可以看到，他给斯特恩先生当翻译，向同事们解释其要求和意图。他还陪着斯特恩先生参观、访问、和学生们交谈。虽然我不是搞音乐的，但这部片子会有几次让我感动得眼圈发红。

有一回，我跟狱友老易聊起杨秉荪的境遇变化。老易说："这事儿和中彩一样，没准儿。"前两年我都没想到这辈子还能听到如此高水平的小提琴现场演奏呢，谁承想这么快就能听到杨秉荪本人的现场演奏，这也是一种运气，一种意外的福气。

是的，估计关在北京第一监狱服刑的犯人们也没想到，他们有一天能亲耳听到刘秉义的男高音演唱；关在河北深县公安局看守所的犯人也没想到，他们这辈子能有机会近距离地欣赏到北京人民艺术剧院的著名演员英若诚的《茶馆》现场表演……确实，这就是一种缘分。

这么想来，那年头儿蹲蹲监狱也没什么不好。一来可能让你躲过了不少意外之灾；二来每次监狱的调动，你永远猜不到你有机会见到谁。众多人物如果不进监狱，也许你这一辈子都没机会见到他们。

普林斯顿的京城炮爷马三儿

进了第二监狱，天天几乎都有开心的事儿，真把我乐开了花。

下了晚学习，人们就都到水池子边上去洗漱，准备睡觉了。看水池子边挤满了人，我就走到门口，那里有一个公用的水龙头，在那儿洗漱的人少。人们不愿意到这儿来洗，因为这里没有放脸盆的池子，觉得不方便。我对这些无所谓，就把脸盆往地下一放，站在那儿大洗起来。这时候，二中队的一个小伙子也端着脸盆走过来，他也放了盆水，站在那儿洗了起来。

他小声问我："你是北京的吧？"

我说："是啊，你怎么知道的？"

小伙子笑了笑，说："我在北海公园的冰场上见过你，你和鲁爷他们在一起滑冰。我是和马三儿一起打冰球的，我也姓马，有人就叫我'马四儿'，我就是马三儿的'跟屁虫'，你要是愿意叫我马四儿也行，嘿嘿。"

我一听，没想到在这儿还能遇见北京的"间接熟人"，笑着说："哎哟喂，北京的坏孩子怎么都上这儿来啦？"

我俩就这样站在水管子旁边天南地北地聊了起来，一直聊到哨子声响——睡觉的时间到了，我们赶紧各自回号舍去睡觉了。

他乡遇故知，不错，不错。

马四儿提到的马三儿在北京“文革”以前绝对是一大玩主（现在许多人写作“顽主”，也称“老炮”），1966年以前北京只有他们这一批玩主最出名。他们几乎全都是所谓“家庭出身不好”的孩子。

就这个可以称作老炮的马三儿来说，他父亲去世得早，具体什么背景就没人关心了，而他母亲竟然是个女强人，据说曾经担任过北京一个区的党部书记——但那是国民党时期的事。至于1949年以后，他母亲在哪儿、做什么等等，马三儿绝口不提。其实，这帮玩主几乎都不提自己家里的事儿，无论过去和现在，他们只提他们自己，无论是“过五关、斩六将”还是“走麦城”。

他们似乎游离在北京的社会边缘外，个个都进不了国家编制，混得好的，顶多挂在某单位当个临时工或合同工，还算是有个固定收入。马三儿就连这种工作单位都没有，只能去个体的汽车修理站打工。这在当时也是一大奇观。为什么北京那会儿竟然有个体汽车修理站呢？我猜大概是因为那时候北京有许多人家里还有点儿家底子或者有海外关系，并且这些人家还有私家车或摩托车，虽然寥若晨星，可是还真有。但是当时的汽车修理厂都是为政府或军队修车的，忙都忙不过来，谁还会为他们私家车修理呢。不知走了哪种关系，最终被特批成立了一家个体汽车修理站。

从北大荒回来的马三儿，就此在那个汽车修理站找了个活儿，虽然他不在编制，也没有公费医疗，没有任何社会保障，但工资却比别人高得多。而且他们汽车修理站也没有党支部，也就没有政治学习，他们比大多数在编人员轻闲多了。

看看马三儿，绝对是一表人才。“驴不驴”没法考察，可是他们天天在锻炼身体“练块儿”，外观上看起来已经够彪悍的了。那时候，全国人民都只挣有限的工资，马三儿虽然没有固定工资，可他自己到处找零活儿干，自己签合同，结果还能提成。“矬子里拔将军”，他在这帮年轻人里，当时就算是大富豪了。而且，他对女孩子的关心、细心，其他年轻人没几个能比得了的。

当时，北京一共就那么几个有名的饭馆儿。马三儿是灯市口那家名为“康乐”饭馆的常客。这不只是因为那儿的上海菜对他的口味，根本原因是，“康乐”有两位全北京都知道的绝色美女服务员——小蔡和小黄。她们让至少半个北京城的年轻人都先后惦记过。我们偶尔去那里，都是这两位美女接待，渐渐地似乎也认识了我们。每次去，她们也会把我们当熟人，帮我们找个座儿啦，给我们出出主意啦，告诉我们怎么点菜又好吃又便宜啦——人家一眼就看出来我们就是几个穷学生。就这样，我们都自以为和她们“套上磁”了，一见到她们俩就心跳、脸红，简直快晕了。

有一天，我和几个发小，又凑齐了钱去“康乐”。小黄好不容易才帮我们找到一张饭桌，我回头一看，人家马三儿自己一个人叫了一桌子的菜，还有两瓶冰镇青岛啤酒。小蔡和小黄都面带桃花、喜笑颜开，和马三儿你一句我一句，谈笑风生。当时，我们全傻了，人家马三儿和我们完全不在一个层次呀。

说到闲，我们谁也比不了马三儿，他没有固定的工作时间，所以能半宿半宿地排队去买中央乐团“星期音乐会”的票。他还有工夫夏天在玉渊潭成天游泳，冬天在北海冰场疯打冰球。这就是20世纪50—60年代北京城的那批真正的玩主。

1966年以前，北京只有这一种玩主。

我们这群玩文学的、玩艺术的各路豪杰，在他们眼里都属于“学派”，就都是“雏儿”；既未尝过人间疾苦，也就自然不知道人间欢乐；

根本不懂何谓人生的酸甜苦辣咸，全是一片抽象的理想主义傻学生，里外都是一个“虚”字。

马三儿为首的这帮玩主，在体制外，在社会外，早就明白了理想主义的空泛。他们直面短暂人生中的短暂青春，于是千方百计、砸锅卖铁——充分挥霍年华，享受人生。

除了游泳、滑冰、弹吉他、骑摩托等等以外，最重要的还是泡妞儿。他们都是踩在当时社会容忍度的悬崖边儿上，马三儿自然变成了北京玩主的大哥大，因为他是唯一从悬崖底下爬回来的幸运儿。

由于马三儿年纪轻。1957年他是和北京大批“右派分子”一起被发放到黑龙江兴凯湖劳改去的。他是这一大群人中最小的一个，只有他一个人是中学生。他的同行人差不多都是著名大学的讲师、教授、学者、作家、工程师等等，都是不得了的人物。而他一个高中生，在人们眼中就是“百屁不懂，两眼一抹黑”。很自然的，他慢慢得到了周围人的同情和关照。到了兴凯湖以后，不久就有高人主动给他在人生道路上，略加指点。而马三儿脑子快呀，立马就明戏了，知道事到如今，就得想法爬出这苦海。他的脑力和体力，还正值萌发阶段。他明白基本道路之后，就四处拜师，到处学艺。那会儿在兴凯湖什么都缺，就是不缺高人，各种精英都在这里荟萃。要说马三儿想学本事，那是来对了地方。

马三儿脑子好使，动手能力还超强，很快在劳改场的汽车、拖拉机都让他给玩儿得滴溜乱转，全都成了他的大型玩具，他成了兴凯湖劳改农场的技术尖子和驾驶高手了。

冬天伐木，拖拉机都很难打着火。当时用的苏联制造的拖拉机只有一个巨型气缸和一个巨大飞轮，据说这样的飞轮旋转起来后可以靠惯性节能。可是在这冰天雪地中发动成了大问题，用电瓶来打火往往都难以成功。原来，在寒带地区使用这种拖拉机，就得用炸药来启动。这些诀窍，很快都成了马三儿的拿手好戏，兴凯湖就是中国的贝加尔湖，就是中国的古拉格。在俄罗斯悲天悯人的文化里，这就成了世纪性的民族悲剧了。而在马三儿这儿，就成了热闹的闹剧了。

当马三儿他们在兴凯湖来回折腾的时候，北京开始进入困难时期了。据说中央领导看了崔嵬和陈怀恺（陈凯歌他爹）拍的电影——《北大荒人》，在电影的字幕上显现出“丹江农垦局文工团集体创作”的字样，这就是说这部电影是劳改的“右派分子”们集体创作的。据说是吴祖光他们那帮“右派”执笔的，自然不能署名。该片在困难时期上映，对鼓舞士气大有帮助，社会影响巨大。还听说，后来政府领导颇为感动，决定要把一批“右派分子”给予赦免，名单的决定肯定是费尽了不少的脑汁。谁能赦免，谁不能赦免，这可是名副其实的“生死抉择”。

马三儿是无可争议地被第一批特赦回北京的。

北京玩主“大哥大”就这样光芒四射地从天而降了，在他的麾下，真是“北京的坏孩子都集中到这儿了”。不仅是他们这些“有渣儿的”，还有许多“出身不好的”，自然更有一些北京有名的“国干子弟”。丁月的弟弟“丁五少”也自然归于马三儿的麾下，还有利家的公子也是这样一位玩主。在“三年灾害”困难时期，玩主玩儿得相当“猖狂”。公安部门的“雷哥们儿”都忙得顾不上他们，因此对玩主的管束就比较宽松了。

于是，这个档口就涌现出无数美男美女，谱写出无数北海公园冰场或什刹海冰场上的浪漫曲。冰上皇帝、冰上王子、冰上王后、冰上公主云云，接踵涌现。看来青春的焕发，花样年华就得展现，美不

现在的什刹海冰场

《与青春有关的日子》招贴画

美的鲜花都要绽放，不管你在社会有没有足够的财富、有没有足够的粮食给我们吃，冰还得滑，爱还要谈，谁都拦不住。

只有“文化大革命”的狂风来临，才把北海公园给封了。北海冰场——这个北京各路年轻男女展现青葱年华的宝地，那时候只有在这里他们才有可能展示他们那形形色色的“奇装异服”——有的是通过各种奇怪的门路得到的“舶来品”，有的是他们从画报上找好看的服装样式，然后自行设计做出的山寨版时装。他们在这里期待、寻找、捕捉着动人心魄的偶遇或邂逅，时刻准备着不期而至的一见钟情。

“文革”期间，北海公园关门了。于是，什刹海冰场就成了“一枝独秀”。当什刹海冰场经修整后再次开放的时候，北京也同时诞生了第二个“玩主集团”。如果说第一个“玩主集团”是1949年后，以平民子弟为主的集团，那新兴的“玩主集团”则是以干部子弟为主的“红卫兵”甚至“红小兵”组成的集团，再后来，“知青”或者是参了军的那批年轻人也都纷纷地加入了这个新的玩主大军。

这就是前些年一度流行的影视作品，例如《血色浪漫》、《梦开始的地方》、《阳光灿烂的日子》等作品里描述的那帮人物。其实，最贴近真实的这类电视剧应该是《与青春有关的日子》（由王朔小说《玩的就是心跳》改编）。在我看来，这似乎是一部纪实文学作品，在那里你可以找到许多当今文化名人当年青涩的影子。

在冰场上，马三儿他们那伙玩冰球的，全是自然打扮，一点儿不扎眼，好像都是家常服装。可要一细琢磨，他们的打扮件件都有来头。马三儿穿着一件半旧的黑皮夹克，那皮子一看就是高级鞣制产品，手感相当不错。那年头在北京，我们标准的冬装是蓝色棉猴。皮夹克，人们只在电影里看见有人穿过，那是《英雄虎胆》里于洋打入

1988年，纽约。左起：李斐、秦松、北岛、顾城、严力、王渝、张郎郎、贝岭、沈忱

敌营后才穿上的一件儿皮夹克。如今，人家马三儿随随便便就穿上了一件，那叫什么劲头？

马三儿有技术，专业修理汽车、摩托、拖拉机，在东城那是一绝。物以稀为贵，所以他手头阔得很，“叶子”大大地有。他冬天打冰球，夏天游泳，身材健美匀称。冰场上的两朵花，号称“骄傲的公主”的两位姑娘，两眼朝天，可是一见到马三儿立马簇拥过来，叽叽喳喳地说个没完。我们那会儿见着女性就笨嘴拙舌，人家马三儿相反，见到美女仍自然地有说有笑。这本事，绝对天生。所以，他一下子就成了我们几个哥们儿的偶像。

我认识马三儿完全是偶然，是通过董沙贝和小鲁。他们俩本来在我们“太阳纵队”中就属于另类，有着自己独特的思维方式。他们俩自己说，似乎从小学开始就常被老师当成“反面典型”，屡受批评，甚至同学也加入这类批评，似乎他们成了被指责的对象或靶子。他们很自然地感觉不到校园的温暖，于是他们就溜达到校园以外，很容易地就和冰场上的马三儿相识了。只有和他们在一起，沙贝他俩才感到青少年时期应有的活泼和乐趣，在这个圈儿里也没有各种“正确思想”来讨伐他们。

我知道沙贝在冰场上认识的那批朋友有马三儿、大崔、小戴、蛤蟆等人。这帮人嘴里有无数我们闻所未闻的真实故事，还会用我们不知道的无数新词。当时在小鲁眼里，这和认识一帮“绿林好汉”差不多，比那些大学生有意思多了。小鲁多年后回顾往事时说：“我人生道路上，有两个引路人，郎郎是我学习文化艺术的引路人，马三儿是我走上实际生活道路的引路人。”

我和马三儿是在“康乐”饭馆见的面，我知道他是“绿林玩主”里的老大。那年头，越是老大态度越温和，还特别平易近人、虚怀若谷，这就不是一般人物呀。他也听沙贝讲过，知道我是“太阳纵队”这帮文青里的老大。虽然我们是两路人，但还都互相尊重。

20世纪70年代我在看守所的时候，有一天被叫出去给防空洞干活儿，在院子里筛沙子。我在阳光里正晒得心旷神怡，后面来了两个来拉沙子的，没想到推车的人就是马三儿！真是人生何处不相逢。

马三儿冲我笑着点点头，小声说：“哥们儿听说你是法国间谍，至少你还学过几天法文呢。我现在的罪名是美国间谍，可我一句英文都不会。你说这美国人也太笨了，怎么就发展我这样的呢？”

我们俩趁装沙子的工夫，聊了几句，为此我心里愉快了那么一阵

1993年，张郎郎（左）在美国普林斯顿大学与朋友郑义合影

子。“他乡遇故知”真是难得，大牢遇老友那更是难得。

再后来，我们都被改判无罪出去了。马三儿很快就发了，成了先富起来的那部分人。他还考到了索尼电器的维修专业证书，修理部变成了电器修理公司。那时候国内还没流行支票，更没有信用卡什么的，所以马三儿挣的都是现金，很早他就腰缠万贯了。

20世纪90年代，有一天我正在普林斯顿图书馆看书，一位做杂志的朋友来电话说：“北京来了个人，说是你的哥们儿，指名要你来接。”

我不记得有个朋友叫那个名字，可是人家这么信誓旦旦地指名要我接，也不能不去啊。再说，那名字听着似乎有点儿耳熟，没准儿在北京的时候，哪路哥们儿请吃饭的时候见过，也没准人家一时丢了钱包、护照什么的，就想起来找个认识的人吧。那年头，北京人在纽约常有这事儿。于是我就开着自己那辆二手的别克车去纽约看看。

到了编辑部，一帮人正围着一位侃爷，问长问短都是北京新闻。那会儿很多人都很长时间没回北京了，对北京的所有故事都很好奇。我分开人堆，往里一看，嘿，原来是马三儿。

怎么现在又在美国碰着他了？

“嘿……好好的你不在北京当大款，跑这儿来干吗呢？”我问。马三儿乐了，说：“顶着美国间谍的帽子在里面蹲过几年，说什么也得过来看看啊。”我问他打算玩几天。马三儿慢条斯理地说：“不走了。我为这个国家吃过苦，他们欠我的。这会儿，它就得收留我。”“怎么，你是偷渡来的？”“说什么呢，哪能够呢？我是和冶金部的一个代表团出来考察的，今天我这不是跳团奔你来了吗。”

坐下细聊才知道，马三儿是铁了心要出来，来之前已经把公司卖了。修理公司的价值主要是无形资产，卖不了多少钱。他把钱分了三份儿，三分之一给前妻和女儿，三分之一给了女朋友，用最后三分之一打点来美国的事情，这才搞到赴美交流的出国资格。马三儿说："现在许多出国的团都有空额，可以卖给想来美国开开眼的人，我就这么合法地过来了。"

马三儿比我大了三岁，居然还这么豪情万丈，真让我始料不及。不过，他一个完全不懂英语的人，两手空空来了美国，这头三脚可怎么踢啊？

朋友们七嘴八舌给马三儿建议，纽约物价贵，不好混，要么先逛逛，再从长计议；要不去郎郎那儿，普林斯顿是乡下，费用比较低，再说郎郎一个人住一个单元，你去正好和他做个伴儿。

这下轮到我愣了，怎么来看看几十年前的一个朋友，就一下变成要带他回家了呢？但我看出来，如今马三儿是有点走投无路了，就说："行，那我们一会儿就一起回普林斯顿大学。你去看看，待得下来就待，待不下来再回纽约不迟。"

我们和众人一一握别，走到楼下，一眼望去，老天爷，车没了！嘿，"漏屋偏逢连夜雨，迟船更遇顶头风！"

结果我们又忙活半天去警察局报案填表，很晚才到了火车站坐车。夜色渐浓，我们在车厢里慢慢地聊起来。谁都没想到会有这么一天，我们居然都来到美国，并得以同舟共济，还在见面的第一天就把汽车给丢了。

好在我从来都是一个盲目的乐观主义者，而马三儿也是永不言败的人。一路上，我们聊得相当高兴、相当深入，恨不得把三十年来的所有"陈芝麻烂谷子"都抖搂出来，一一对证，一一琢磨，一一分解。此乃老友重逢一乐也。

位于美国新泽西州的普林斯顿大学

2016年，北京。张郎郎（右）与诗人北岛合影

到普林斯顿火车站的时候，已经是深夜了。我估计与我同住一个院子的小健这会儿还没睡，就在车站给他打了个电话。小健二话没说，立刻开车来接我们。那会儿，普林斯顿中国学社这帮人在一起，是互助组也是帮工队，一方有难八方支援。这点儿小事儿根本不用担心。

一见面我连忙向小健介绍，这马三儿是北京来的老哥们儿，修车技术一流。小健一听就乐了，“嘿，我那车正准备去修呢，您给看看，别让修车行的人蒙咱们。”马三儿问：“什么毛病？”

“这车油门有问题，有时候我加油，它就不给油。等我不给油了，嘿，它又来劲了。趁我不注意，咕咚咚一声油就来了，吓得我一身冷汗。真不知道这是什么毛病。”

马三儿说：“我们修车的管这种毛病叫‘咳嗽’。明儿早上，我帮你看看。车和人一样，咳嗽是个常见的毛病，可能是三锤子两改锥的活儿，也可能得做大手术，甚至得换零件，等明天我看了再说。”

小健说：“那太好了，我们这伙人买的都是二手车，每天为修车不知花了多少时间，花了多少冤枉钱。您来了就好了，我们就多了个专家。”

马三儿说：“您客气，您客气！这都不是外人，放心吧。不管容易不容易，明儿你这车一定能修好。”

我听着连忙说：“三爷，你这老毛病又犯了。话不能说这么满。这车还没看呢，你这儿就大包大揽了。到时候看你怎么下台。”

马三儿笑笑：“我这么说，表示我信心满满。刚才我一上车听它那引擎声，估计问题不大才这么说的。”我们一路聊着天回到家。小健把车停在我楼下，留下车钥匙，自己溜达着回去了。

第二天一大早，马三儿就悄悄地起来了，他还有时差。等我起来的时候，马三儿笑着说：“那车修好了。”顿时，马三儿“神修”的大名传遍了普林斯顿，他的生意就这么红红火火地开始了。

这天白天，我带马三儿去了新泽西州中部一个铺天盖地的汽车坟场。不看不知道，一看吓一跳。漫山遍野，各式各样的汽车，什么型号都有，你做梦想买的就有好几辆。凯迪拉克大大地有，“别摸我”更多，连法拉利都有。马三儿看得两眼放光，说：“郎郎，人说美国遍地黄金，我算看见啦！”

马三儿让我带他去汽车坟场的办公室，问问这里的零件什么价格。那经理说，你们到这儿来买零件，那就来对了，比你们在修车的地方买便宜多了。他们买二手零件也是到我这儿来定，我再派人给送过去，这都得加钱呀。

我翻译给马三儿听了，马三儿就问：“我们自己来拆行不行？那怎么算钱呢？”经理翻翻眼皮看看马三儿说：“这活儿，又脏，又危险，再说你也没有适合的工具。你怎么拆呢？”马三儿说：“这您就别管了，我自己来解决。要是我自己拆零件是不是能便宜点儿呢？”经理说：“当然了。我们这最大的费用就是劳务费。我这儿正缺人手呢，你要是会拆，可以到这儿工作。”马三儿连忙笑着谢他。

紧接着，马三儿又让我带他去二手车行。那两年，我在普林斯顿中国学社里当生活委员。人们初来乍到时，都既不会开车也没有车。这些生活杂事，都是我的活儿。把那些访问学者、学生，一个一个都安置好了，还得教他们开车，然后带他们考车，再帮他们买车。所以，这一带的二手车行，我轻车熟路。

到了车行，只见一排排的汽车威风凛凛、锃光瓦亮。马三儿看见这些车两眼顿时光芒四射。他挨个看，然后挨行看，一个钟头以后，他胸有成竹地说：“哥们儿，一个个金蛤蟆全在这儿趴着呢，

2017年，北京。张郎郎（右）和艾轩合影

你就下家伙吧！”我疑惑地说：“这儿的车是他们收购回来，修理完了摆这儿卖，哪还有你什么事儿呢？”

马三儿把我拽到车场的一角，指着那几辆车说：“看见没有，这几辆车为什么这么便宜？”我说：“有毛病呗，修不好呗。”他说：“这就对了！他们的弱项就是我的强项。这样吧，今儿咱们先弄回去这两辆车。”

那两辆车都是奔驰，都是古旧模样，好在保养得还可以。一辆280SE的卖2500美元，还有一辆450GL的卖3500美元，比前面路边摆着的便宜多了。销售员说：“那280SE的是变速箱有毛病，老挂不

2017年，北京。前排左起：王晓珉、萧可佳、陈冲、张郎郎、严歌苓、崔永元、萧大忠

上挡，只能慢慢嘎悠。那450GL的空调坏了，配件都不生产了，谁还要它？”马三儿一听就乐了，斩钉截铁地对我说：“咱也别还价了，够便宜的了。你放心吧，回去我准能把它们给修好。”

销售员最后一共收了5500美元，我先帮马三儿垫了钱。我们俩一人一辆，吭哧吭哧地开回了家。我对于怎么在社会赚钱的事，整个是“两眼一抹黑”，免不了担心。马三儿看见，说，“你呀，就是心眼儿太重。你放心，咱们这两辆车，肯定能赚。对了，你为我还丢了辆车。得，5000美元加5000美元，我一共欠你1万美元。以后你出钱，我出技术，赚了钱咱俩对半分。分账的时候，先扣了这1万美元再算。”他咧开大嘴笑了。

我也不禁笑起来，心想，这普林斯顿怎么让他给变成北京南小街的羊尾巴胡同了呢？真不知道，马三儿的这步棋会走成什么样。

马三儿到普林斯顿真是好运气，无论天时、地利、人和都是难得的百分百。当时，普林斯顿大学的中国学社刚好建成，中国学社里大都是中国人，他们经济条件都不那么好，一般买的都是二手车。有的单身汉没负担，就敢买上千美金的旧车。有的是有家室的，拉家带口财政紧张，就买辆几百美金的车。在美国就这点儿好处，多少钱的车都有，就看你的车能不能通过每年的车检。

北京大学来的老金胆子大，他买的车才100多美元。不过他不会开那辆车跨州越市，也就在本地买菜用，即使在马路边儿抛锚了也没关系，立马给马三儿打个电话，马三儿肯定能第一时间赶到。

多数时候，马三儿上去三改锥两锤子，那车又欢蹦乱跳了。也有的时候，马三儿怎么折腾，车还是纹丝不动。马三儿就让老金把自己的车开走，该上班的上班，该买菜的买菜，他自己继续修。他说：“我不趁别的就趁时间，万一这车死活玩儿不转了，我就打电

2018年，北京。左起：王苗、北岛、王朔、沈志华、李丹慧；
右起：阮丹青、张郎郎、阿城、何迪

话给其他人，让别人帮我把车拖回小区再接着修。”

马三儿每天修车的活儿不断，光中国学社这帮人就让他忙不过来。后来，他的名气大了，在普林斯顿大学留学的那些大学生、研究生，都纷纷找到他的名下来修车了。说白了，就一个字——省。

在美国，修车就是一个无底洞。首先把车千方百计拖到修车厂，就要先收你一笔银子。要是你不知道打算修什么，一个“检查车辆”就得让你“嘬牙花子”，然后再给你一个大单子，能让你吓得瞪出眼珠子。你想想你开的那辆破车，肯定浑身都是毛病，要真想修好就什么都得修。于是，你和那车行的人来回磨叽，最后敲定只修那些非修不可的（再不修，下次车检都过不去），那算下来往往比买车都贵。

马三儿的出现，犹如一尊济民救世的活菩萨。他检查车的时候，一律都免费。他的逻辑是，还没修，怎么能收费呢？他判断车毛病的时候，是表现高超技术的关键时刻。他打开前盖子，听听引擎的声音，活塞哐当不哐当，气门漏气不漏气，火花塞点火准时吗，气门呲没呲，化油器给油畅顺与否？或者开起车猛一刹车，看看刹车印，听听刹车片该不该换？……

马三儿给汽车瞧病，全是中医那一套，凭的是望、闻、问、切，然后微微闭目，准确作出诊断。之后，他让你去买什么什么零件，有的可以买二手的（那可便宜多了），有的必须买新的。等你买回来，他三下五除二就给你装上。工钱呢，你看着给，给多了他还不好意思，非得退点儿不可。总的算下来，比到美国车行至少便宜了五分之四。

一时间，马三儿成了普林斯顿的第一大忙人。可他永远不紧不慢，笑容可掬。什么大活儿都敢揽，什么小活儿都不烦。如果车辆遇到了电子方面的问题，他就进行简化处理。

譬如说，中国学社的秘书罗润的奥迪车，窗户自动升降发生了问题。马三儿鼓捣了半天，死活搞不清那里面的机关，他干脆把门给卸下了来。后来他告诉罗小姐说：“要是去买这套设备太贵了，而且装上以后，还不能保证永远健康。要是您不介意，我给改成手动的，特别便宜，还一定不出毛病。我还送您一个永远免费保修！”

罗润是个加拿大人，又吃素，又重视环保，她一听马三儿这番话当时就傻了。她为这窗户不知修了多少次，花了多少钱，至今还出毛病。过去她怎么没想到改成手动这个思路呢，而且这更环保啊。她的中文有限，愣了半天才说：“马三儿，你真是个天才。”

这句话，笑翻了整个普林斯顿。人们再见到马三儿，都一本正经地说一句：“你真是个天才，马三儿！”

马三儿就这样和“普大”的老少爷们儿关系越来越近，成了中国学社不可或缺的人物。没有多久，马三儿就在普林斯顿开了一个修车铺子，还写了中文牌子“老马修车”。

后来我离开了普林斯顿，也不知道马三儿到底修车修了多久，赚了多少钱。只听说，后来他的女儿来美国求学，也落在了普林斯顿。

“京城老炮”马三儿，英语不会，关系没有，学位没有，居然不但自己吃香的、喝辣的，还供他女儿一直到大学毕业。

于是马三儿心满意足，整天笑眯眯的了。最近，老朋友给大伙儿发来马三儿的近照和视频，他通红的脸，一肥二胖，住在普林斯顿的养老院里，微笑着冲大伙儿招手呢。

走进京城的浪漫延安娃

在一个阴雨天气，我和刘歌、高丽三个人在后海边的“茶马古道”，一边听雨，一边细细拉话，还是那壶最便宜的普洱茶。别说，随着时间，这便宜茶照样也能慢慢地泡出点儿意思来，颜色从暗红转为了琥珀色。

高丽突然笑着对我说：“那天校庆，你进教室的时候，我们见到你都哈哈大笑，你知不知道那是怎么回事儿？”

我说：“那有什么奇怪的，无非是大家想起了当年的滑稽大王又回来了呗。”高丽接着说：“不是，你进来的时候，刘歌正在给我们讲你和小亮娃娃亲的段子呢。”

“哦，我怎么不知道，有这么档子事吗？”我诧异地看着刘歌。

刘歌在高丽开始提这个话茬儿时就急得直摇手，大概意思是让他别说了。这会儿，他真的有点儿尴尬，好像不知该怎么下这个台阶。

我明白了，大概是我小时候的糗事，现在成了大伙儿的段子了。

我笑着对刘歌说：“没关系，咱们都多大岁数了，小时候的故事还怕人讲吗？无非是你讲讲我的笑话，我讲讲你的笑话而已。没关系，当时你说的是哪一段儿啊？也说说让我本人听听。”

刘歌说："都怪我，我有个毛病就是肚子里存不住事儿，有故事就想往外'抡'。咱们同学一般都不知道这个故事，返校那天我一兴奋就给讲出来了。我知道你大人大量没事儿，可是我怕人家小亮不高兴。尤其是怕她先生小赫不高兴。"我说："嘿，你说的跟真的似的，反正这儿也没外人，你就给我讲讲，这故事你是怎么编的。"

刘歌说："天地良心，这故事的确是真的，绝对不是我编的。我是听我妈妈一位老战友讲的。当年我妈妈和那位阿姨在延安时都是'青艺'的。正好有段儿时间，你父母也从'鲁艺'搬到'青艺'的乔儿沟这边来了，所以大家都是熟人。听说你和小亮还都没满周岁时，你们两家正好挨着，不知怎么回事儿你就和小亮打起来了，你把小亮的脸给抓破了，这不成了'抓破美人脸'了吗？她妈妈就抱着小亮，到你们家去找你妈妈说道说道。你妈妈说：'别着急，过几天就会好的。'小亮她妈妈雨萍阿姨当时急得口不择言了，气呼呼地说：'我们闺女要是长大了脸上落了疤，嫁不出去就得找你们家算账。'你爸爸听她这么说就笑了，说没关系，到那时候就嫁给我们家郎郎不就得了。雨萍阿姨说：'好，一言为定。'你妈妈就说：'好，一言为定。'所以在延安很多人都知道这件事，要不怎么说你们俩是娃娃亲呢。"

原来如此。

我到六十多年后才听到这个故事也不为怪，离奇的传说往往都是当事人最后一个听到的。

遥想当年，我小学三年级的时候，跟着姐姐去中国青年艺术剧院看话剧《保尔·柯察金》。散场的时候一位阿姨迎面走来，姐姐忙说："阿姨好。"又说："雨萍阿姨，这就是郎郎。"雨萍阿姨当时是中国青年艺术剧院的当家红星，她演过《雷雨》、《家》、《阴谋与爱情》等剧中的女一号，我最喜欢的还是她演的《抓壮丁》里的三嫂子。今天见了真人，我紧张得不得了。不是说过嘛，我从小见到名人就犯晕。

雨萍阿姨亲切地说："郎郎都长这么大了，小时候，你还打过我们家的小亮呢。"在雨萍阿姨的嘴里，我的"罪行"已经大大降低了。也许人们进城了，不像当初在窑洞时那样率真、直截了当了。再说，她孩子的脸也长好了，就不必翻旧账了。

我从小就糊里糊涂，什么时候打过她们家的孩子，我根本不记得，有这么回事吗？她接着说："那时候咱们两家的窑洞紧挨着。有一次，你妈妈抱着你，我抱着小亮一起晒太阳，你二话没说，上来一巴掌就把我们家的小亮打哭了。"敢情，那时候我们还不满一周岁，谁还记得呢？她看我尴尬不已，就笑着说："你现在在哪儿上学呢？"我说："育才。"雨萍阿姨说："'育才'好啊，那就是延安的'保小'，小亮也在'育才'。"

嘿，原来还有这么个老朋友在我们学校，还是我的同学，我居然还不知道。那时候，因为我爸爸、妈妈经常不在北京，有时周末我就去姐姐那儿。那会儿，姐姐乔乔就在中国青年艺术剧院儿童工作队学习、工作。我大概想了想，"青艺"大院里的孩子，我也早就认识了一大半，还一块儿打过架，玩过官兵拿贼。有田雨阿姨家的小狗，有又黑又壮的小赫，还有……怎么不记得有个叫小亮的呢？等我回学校，一定立刻就去找找她。

星期一我回到学校，吃完午饭拿着学校发的苹果就往教室溜达。突然想起来，得找"小亮"呀。对了，立刻去找！我看见一班的甘露林、于曙光他们正在跳绳呢，就过去问："老甘，小亮在几班？""在二班。"

1959年，初中毕业时张郎郎（中）与同学张久星（左）、甘露林（右）合影。
这两位诗友在“文革”中离世

我一转身就到了二班门口，那时候我一只手拿着啃了一半的苹果，另一只手拿着新出版的《新观察》杂志，只好用脚轻轻地踢了踢门。

“唰”的一声，门就开了，两个小女孩堵在门口，问：“你找谁？”我说：“小亮在吗？”“你找她干吗？”我懒得搭理小丫头片子，就伸头往里看，站在前面的那个中队长，厉声地说：“别瞎找了，我就是！”

啊？我一下愣在那儿了，我还以为小亮是个男生呢！我当时就傻站在那儿，连一个字也说不出来。心里想，我实在是太心不在焉了，明知道二班全是女生，怎么居然到这儿来犯傻。

“你到底找我干吗？”小亮还不依不饶。我慌慌张张、手忙脚乱地嗫嗫嚅嚅地说：“是不是你妈妈叫雨萍，是‘青艺’的演员，你出生在延安……”没等我说完，门“咣”的一声被狠狠地关上了。这下可糟了，我不知道“她”就是小亮。在我眼里，她是当时全“育才”最漂亮的姑娘，今天才知道了她的名字，而且又这么严重地得罪了她。

本来我是全校公认的滑稽大王，同时也是全校的邋遢大王。主要倒不是因为我不讲卫生，而是因为我的特殊棉袄，还有我一口咽下去鱼肝油的本事。当时不知是哪位专家出的馊主意，我们每天三顿饭后，必须得喝鱼肝油，才能离开饭厅。在饭厅阿姨的监督下，我们挨个像灌辣椒水那样难受地灌一口鱼肝油。

有的孩子还真爱吃，也有的孩子还真能忍，闭着眼睛一口气就咽下去了。我每回闭着眼睛喝鱼肝油都得“自然”地流出一半，不能吐，吐是浪费国家财产。因此，那会儿我棉袄的前胸就变成了锃光瓦亮、油脂麻花，像炸油饼的一样。于是，我在“育才”成了名满全校的邋遢大王，还满不在乎。

可人家小亮天生的整洁漂亮，我们俩当时在学校的对比和反差之大，就和天鹅与癞蛤蟆差不多，我怎敢对她有什么非分之想呢？大家笑我，觉得这就是个没边儿的事儿，太可笑啦。其实，那时候我就明白了：“人生不过就是，有时你笑笑人家，有时让人家笑笑你。”

我们“育才”小学快毕业时，在填写报考中学志愿表的前夕，学校还专门召开了家长会。当时我们班主任白继先老师，花了很长时间和我母亲长谈。他认为我适合填写北京一〇一中学，或者就是继续留在本校，白老师觉得我最好能留在本校，因为正好从那一年起“育才”开办了初中班。白老师特别强调说，我这样的孩子到社会上的普通学校很难适应，为了孩子的健康成长，一定得劝我留校。会后，妈妈专门找到我，再三嘱咐前两个志愿一定要填写这两所学校。

从小学一年级到五年级，我是经常连作业都交不齐的，而且我还免修体育，因此也不能是三好学生，也就得不到金质奖章。另外，我对外已经扬言，要到外面去闯荡闯荡，所以白老师才有了这份担心。

我的整个小学期间主要就是在玩，在看课外书，在给大家讲故事。我们原来的班主任谭老师是北京师范大学刚毕业的女学生，她哪儿见过这么难管的孩子。我们年级大多数都是延安娃，有着各种传奇的经历。管我们生活的秦阿姨，是从延安跟着学校两千里行军最后到北京的。她管我们这帮孩子已经有一套了。在很多人眼里，秦阿姨都快成了“穆桂英”了。可是进城以后，这帮孩子闹劲更大了，简直集体成了“孙猴子”，别说“穆桂英”，就是“樊梨花”也不见得能管得住这些猢狲。

为了对付管我们的秦阿姨、谭老师，我们时不时就挖空心思搞点儿恶作剧，先后用壁虎、蛇、癞蛤蟆在宿舍里布阵，为此留下了“三吓秦阿姨”脍炙人口的段子，谭老师在我们班也不知被气哭过多少次。教导主任白桂森老师急了，当时就决定派学校最严厉的白继先老师来整顿我们这个“乱班”。白继先老师当时是标兵。

三下五除二，白老师就把我们规制好了。他的办法很简单，一来他正年轻气盛，发起脾气来一声怒吼，全教室的玻璃都乱颤，这帮孩子就跟着肝儿颤；二来他常常用“你们再胡闹，我就直接给你爸爸打电话”来“威胁”我们，这招儿特有效，那会儿我们这帮住校孩子“天不怕地不怕，就怕老师给家长打电话”。

在白老师“重磅炸弹”似的压力之下，短短一年半，我不但补上了因为生病、贪玩落下的所有功课，而且学习成绩还在班上名列前茅。五十年后，白老师再见到我们这些学生时，还回忆起当时他常常在我们班给全区的教师代表，甚至全市的教师代表上示范课的情景。

白老师说："那时我紧张，学生也紧张，很多平时不错的学生，到时候都发挥不出来应有的水平。好在我有两个法宝，这就是张郎郎和戴咏絮这两学生，他们从来都没让我失望过。他们不但不紧张，每次还都超水平发挥。他们俩是我的门脸儿！"

五十多年以后，我才知道白老师当年苦口婆心地要我留校的原因。而我那时候，糊里糊涂，愣头愣脑，还好个独出心裁。我不管老师说什么，也不管我妈的再三嘱咐，填写的第一志愿是北京男四中，因为我知道这是北京最好的中学。"育才"的老师和同学都说我疯了，全校只有我一个人报考这所学校。可谁也没想到，我单枪匹马的居然就考上了这所学校。

在北京四中上到了初三，我决定转学了，直接原因是"四中"的宿舍不够。按说我有充足的理由申请住校，当时我家搬到了香山脚下的北辛村后街一号。我家和司徒乔老先生（华侨画家，和鲁迅先生有段故事）的小院遥遥相望，他家的隔壁是写过《暴风骤雨》的作家周立波的家。附近还有几间小屋住着三十年代曾经十分有名的才女关露，就是写"春天里来百花香，郎里格郎……"那首歌的。在马路对面，有一个大院子，那院子里有一排小屋，那是写《青春之歌》的作者杨沫女士的房子。另一条街还住着三十年代有名的学者明星王莹和她的丈夫谢和赓先生。

我家远在香山的理由并没有打动"四中"的教导主任，他一本正经地给我们这些申请住校失败者讲了半天，但不得要领。总之就是一句话，学校没地儿了，自己想办法。于是我就有了转学的念头。

我在"育才"读书的时候也算是个大名人，倒不是因为我学习

1994年，北京南池子小院。左起：默默（海默的女儿）、鲁双芹、张大伟、周晓春、张郎郎、张振洲

好，而是因为我从小好讲故事，容易给孩子们留下深刻印象。这时学校的教导主任换成了原来我们的班主任白继先老师，他在小学时就挺喜欢我。我跟白老师一说想转学回来，白老师就答应了，又说："从'男四中'转回来，你可别后悔啊。"我说我想好了，不会后悔的。

我想转学，可能是因为在"四中"有件事让我很不习惯。过去在延安保育院，在东北四野干部子弟学校，在北京育才小学，全是师生一家人，绝对都是自己人。可是到了"四中"，有一天班主任史会仁老师在班会上说："我们班出身好的同学只有几个，大多数同学都要改造世界观。"当时我就糊涂了，谁是出身好的呢？后来，才知道我是属于班里出身好的四五个人之一，真是莫名其妙。

后来班里换了班主任，新老师一上任立刻招集我们几个人开"秘密"会议，夸张地强调学生中的阶级路线，要我们表决通过，解除一个学习组长杨玉林的职务，因为他家有台湾关系。

我当时就表示不同意，可老师说我立场不坚定、黑白不分明等。随后，杨玉林的小组长职务莫名其妙地被解除了。这就是我在北京四中初三二班的"迷你国会纵火案"。

接着，这位班主任继续推行一系列在学生中抓阶级斗争的措施，好好一个班搞得人心惶惶、互相猜疑。有个因为爱画画而被整的同学刘琦，给她起了个外号"女希特"，是说她和希特勒差不多。我真没法忍了，写了一封信给温寒江校长，说新来的班主任把我们班变成敌我斗争的试验田，这样下去谁还有心思学习。后来，这位先生似乎有所收敛，但也因此和我疏远了。这样，我决定三十六计，走为上。

虽说如此，和"四中"同学的分别还是依依不舍，我舍不得史会仁老师对我的苦心与期盼，与同窗好友李小渝、刘琦、闵乐夫、曾昭英、舒正平……的友情难以割舍。

转学后的一天，白继先主任把我安排在他主管的九年一班。我进教室的时候，正是晚自习前的时间。班长王树林一本正经地给我安排了座位。

其实，回“育才”我最怕见的人就是小亮。小时候的胡说八道，一直给大伙儿当笑料，对我来说是小菜一碟儿，现在长大了再胡说八道可就给人家添麻烦了。正在这时候，班里走进来一位女生，宛若一道晴天霹雳，当时差点儿没把我吓背过气去，这人竟然是小亮！

她从从容容、步履轻盈地径直朝我走来，吓得我连头都不敢抬，心想，这是要干吗呀？可别是来找后账的吧？我只好硬着头皮、装模作样地拿着本书一动不动地傻看。小亮走到我前面停下来，那会儿我大概只有出气儿没进气儿了。她站了几秒，才慢慢地说：“同学，请你把脚收些回去，我没法坐进去。”

我抬眼一看，原来过于紧张，两条腿僵僵地直伸到前面。我连忙收回脚来，说：“对不起！对不起！”

老天爷，真不知道你是怎么安排的啊？

两年不见，“育才”的老同学都长大了，他们的心理都成熟了许多。我发现“育才”的女生已经开始注意自己的形象，男生虽然正是笨手笨脚的年龄，不过他们不再夸张他们的豪横，也不再欺负女生，更不会对男女生之间莫须有的“故事”而无聊起哄了。

有天午觉时间，我刚刚入眠，我们学校的门卫赵喜大爷把我轻轻推醒，说：“门口儿有人找你。”我连忙爬起来跑到大门口，原来是我在“四中”的同学刘琦和闵乐夫，我的两个好朋友，这两位都是有才气的小画家。可是，“育才”有许多校规，要想进校还得登记什么的。他们俩是偷着溜出来看我的，自然不愿意登记，我们仨儿就在学校的门口站着聊天。

刘琦愤愤地向我控诉他们的班主任，还在继续搞人整人的小把戏。刘琦苦笑说：“她收敛了没几天，就又故态复萌了。我们真羡慕你。”

闵乐夫说：“你走了以后，我们俩都觉得在这个学校，什么意思都没有了。”我连忙说：“那你们也转到我们学校来吧。”

这时候，小亮从校外回来，大概她去买了什么东西。她看见我站在那里，就问我：“郎郎，你干吗呢?”

我说：“来两个‘四中’的同学。”

小亮大大方方地和他们俩点点头，飘逸而去。

刘琦问：“她是你们班的？”

“对，文娱委员。她妈妈是青艺的名演员。”

“怪不得呢。”

“怪不得什么？”我问。

“怪不得什么？”刘琦笑笑，才说，“怪不得你急赤白脸地转学呢！”

“我叫你胡说！”在一片笑声中，三个孩子互相追打起来。我们那时还生活在童话之中。

可我和小亮的关系已经发生了质变。在外人眼里，我们俩的关系这会儿很自然、很融洽了，但他们不知道，在我心底，小亮已经从仙女变成了凡人，她已经失去了让我睁不开眼的那道光环。人们传说的“爱情故事”早已经寿终正寝了。小亮是我们班的文娱委员，所以她经常找我帮她排节目。我们之间多了一层共同工作的情谊，少了当年神秘感的距离。

过了一段时间，我暗暗地发现二班的林楣才是一位骄傲的公主。原因很简单，因为我根本不认识她。看来我那时候的心理轨迹相当简单，距离就是神秘，神秘就是美。

其实小亮那时候依然漂亮。既然成了坐在我前面的同学，在我眼里她的毛病就被放大了。她老是正气凛然、严肃无比，可敬而不可亲，谁都不敢和她开玩笑。

小亮最牛的记忆是，1949年毛主席从西柏坡搬到香山双清的时候，主席接见团中央的年轻人，当时给毛主席献花的孩子就是小亮，那时候她才五六岁。我当时也在场，不过是在一个叔叔的怀里，不记得是谁带我去的。小亮那天穿得干净又漂亮，梳着漆黑色的两条小辫子，手里捧着一束鲜花。毛主席出现的时候，现场青年们掌声雷动。毛主席向大家招手，迎面走来。这时候，有人把小亮推到前面，小亮大大方方地把鲜花献给了毛主席。

闪光灯瞬间频频地闪烁，从此留下了小亮珍贵的人生定格。她家至今还保留着小亮和毛主席的合影。我想，她这么不苟言笑，大概就是从那时候开始有了神圣的使命感。小亮名字的意思大概是，毛主席的接见成为了小朋友的光荣亮点。

一天，我们班的铁哥们儿甘露林来找我，让我给班上的壁报提意见或建议。老甘是壁报委员，又是我小学时的老朋友。他知道我爱写、爱画，比别人鬼点子多，而他正愁着稿件不足，这下可逮着人了。

我们俩正眉飞色舞地讨论时，小亮不知从哪儿一下冒了出来，说："你们俩聊什么呢，咱们仨一起聊。"我们俩互相对看了一眼就哈哈大笑起来，说："这是我们俩的秘密，不能告诉你。过两天你就知道了。”过了一个星期，我们新编的创刊号《小黄蜂》就张贴在教室一侧的墙上了，刚一贴上就吸引了大批同学来看。小亮看完以后小脸煞白，急匆匆地跑到我跟前，严肃地问我：“你这是干吗呀？你想讽刺谁呀？”我得意扬扬地说：“我是对事不对人。讽刺的只是一些现象，没有特别地针对谁。要是有人愿意对号入座，我也没辙。”

小亮又在壁报前站了半天，然后忧心忡忡地慢慢走了出去。整个午饭期间，我和甘露林都在继续商量怎么接着再玩一把，办个更为精彩的下一期。吃完饭回到教室，我们大吃一惊，壁报没了，只剩下白白的墙壁。我们都傻了。

小亮平静地走过来，和气地说：“这壁报是我摘的，以后再和你解释。白桂森主任叫你们俩现在就去一趟他的办公室。”

我们走进白桂森主任的办公室，那期壁报就放在他的办公桌上。“为什么讽刺团员？为什么讽刺班干部？反右运动刚刚过去，你们还这么胡来。你们父母要不狠揍你们才怪。”白主任虽然过去就很严厉，可是从来没见他这么愤怒过，我们俩这回可是真给吓傻了。

那时一声惊雷，反右运动开幕，人人胆战心惊。我老爸都准备去北大荒垦荒了，突然文化部来车把我老爸从香山拉回中央美术学院，一夜之间就变成了“美院”的反右领导小组组长。这时候，要是他老人家知道我在学校这么干，非抽我不可。老甘的爸爸甘重斗先生当时是内务部副部长，后来是公安部的领导。我想，要是他爸爸知道老甘和我一起犯这个错误，也照样得抽他。

这件事发生以后，我和小亮的关系就淡得多了。说实在的，那时候我并不知道，她是看我那么幼稚而怕我犯政治错误，我却误以为她就是喜欢打小报告。后来我们俩之间发生更大的决裂，也是源于同样的误会。

小亮到底是个心胸开阔的好干部，她知道我的心脏不太好。当同学们在大炼钢铁、深翻土地的时候，她还主动热情地安排我和小雨一起画壁画、写标语，在“大跃进”中继续发挥我们的特长优势。

小亮照样我行我素，照样认真工作，照样“关注”我。庆祝十月革命节的全校联欢会，她让我出节目，这次我没上去耍活宝，而是上台朗诵了一首自己写的政治抒情诗《青年颂》：

像雪崩，
像山洪，
积极的、有力的、快速的
滚动着历史的巨轮。
这是谁？
我们——青年人，
革命的先锋！
青春的象征！

一下子，我爆出了大名，不过既不是好名，也不是坏名。其他孩子一边大笑，一边重复道：“我们——青年人，革命的先锋！青春的象征！”

后来，白主任和气但尖锐地指出：“张郎郎写的《青年颂》那首诗有思想问题，是青年主义，他在诗里没提主席，没提党。要是没有组织，青年算什么……”那个阶段，我在校方眼里是个老找麻烦的人，一个祸事头子，老挨批还不吝秧子，爱谁谁的人！

后来我考上北京一〇一中学，小亮在这时，似乎最后看了我一眼。我看她没理我，也就没有主动找她。最终，我没有主动和小亮把过去的死扣解开，我们似乎互相不认识了，甚至连再见也没说……

1961年，当我和老星推着车，站在中国青年艺术剧院传达室外边，耐心地等着小亮到来的时候，风雪交加，北京正从一个灰色世界变成一个银色世界。传达室外路灯投下的光柱里，雪花急速旋转，你追我赶，分外欢悦，宛如无声音乐。

小亮的脚步声从黑暗的远方传来，我的直觉告诉我，一定是她。她从暗影中倏然走到路灯的光圈里，在我们凝视她的第一秒时，她也看到了我们俩。她微微一愣，如释重负地笑了，平静地说："没想到是你们俩。"那口气，仿佛我们昨天还在一起上课似的，一点儿惊讶没有，一点儿也不见外。

然后，她迅速趴到传达室的小窗口那儿，说："王大爷，他们是我的同学。我带他们进去了。"

见她出现之前，我尝试做了多种精神准备。可是，她出现了以后，我才发现任何揣测都是多余的，正像有人说"女大十八变也有变难看的"，这是指有的女孩子，小时候小巧玲珑特可爱，一长大了就不那么精致了。

这时候，我发现如今我审视她的心态和过去不一样了。小学的时候，最初我是拿她当童话里的公主来崇拜的。而现在我是在看一个和我同龄的少女，她很像《船长与大尉》那本书里的女主角卡佳，那本书是俄国作家卡维林写的，曾经风靡我们学校，同名电影也让人难忘。

我们跟小亮走到一座三层的小楼前，我们把车锁在楼下，就顺从地跟着小亮上了二楼。那个小楼大概是1949年以前的建筑物，楼梯居然还是木头的，甚至还有木头的扶手。我们似乎走进一个古老的电影镜头里了。

小亮的房间虽然不大，但收拾得相当干净整齐，随意布置着一些小巧的摆设。她打开书桌上一盏蓝色灯罩的台灯，屋里透着暖和，更显温馨。老星比我从容多了，和她聊起天儿来。小亮好奇地提出一些问题，我们俩一一以自己的角度来回答她。

她说："在'育才'的时候，对这个世界的看法，和现在完全不一样了。那时候，咱们都太天真了。"

我说："就是，在'育才'那会儿遇见的了不得的大麻烦，今天看起来真都是鸡毛蒜皮。那时候，我们觉得被勒令退学的同学张小军，好像是犯了滔天大罪，现在看起来他不过就是个天真的孩子而已。"

张小军据说是个革命战争中的孤儿，所以成了欧阳山尊老先生的养子，淘气得不得了。在学校里，他捡到了一杆生锈的步枪，没有交公，而是把它埋在地下藏起来，没事时就挖出来摆弄摆弄。最后，纸里包不住火，事发之后"杀鸡儆猴"，他被勒令退学了。

我们在融洽的气氛中愉快地告别。走之前，我们互相留下了地址和电话。小学毕业时，人们都已经做过这件事了。我现在才补上这一课，心里的缺憾终于平复了。

小亮送我们到大门口，嘱咐我们骑车上路一定要小心。骑出去十多米，我回头看看，见她还站在昏黄的路灯下，我赶紧再挥了一下手。在大雪纷飞中，似乎隐约见她也挥了挥手。

寒假后，我给小亮打了一个电话，说想周末过去和她聊聊。她说："要不哪天放了学过来吧，那样比较合适，我也正想和你聊聊呢。"听到这话，我就像吃了个冰柿子那样痛快，当时就约好这个星期三晚饭后去。

星期三吃了晚饭，我背上书包就骑车直奔小亮家。到了她家门口的传达室，王大爷给她打了个电话，小亮高高兴兴地出来接我。我们坐在她小屋里的书桌两边，各自一杯清茶，小亮还是那样冷静而平和。

这是我有生以来第一次单独面对面地和她在一起聊天。小亮问我："现在各个学校都劳逸结合，那你怎么打发这么多的时间呢？"

我说："哪儿有富余的时间，我忙着呢。我和老星（张久星）他们现在常常一起写诗、画画。为了提高我们的水平，还得看很多书。现在需要看的书太多了，根本就看不完。"

"那你最近看了哪些有意思的书呢？"

"这个阶段，我受我哥哥的影响，对自然科学的发展很感兴趣。最近看的有维纳的《控制论》和波尔的《量子力学》普及读本，这两天正看着的是一本从旧书店淘来的《神秘的宇宙》，这是20世纪30年代的一位美国科普作家写的。和我们以往对宇宙的描绘方式完全不同，书里用的不是牛顿物理时代的图像，而是爱因斯坦后的四维空间或者多元空间的图像。这本书非常有意思。"

"你现在在'北外附中'，那你一定要学外文了吧，怎么还看这些书？再说你也没学过这些科学的基础理论，你能看懂吗？"

……

那天我们聊得很好。当我起身告辞的时候，小亮突然问我："你申请入党了吗？"对我来说，这个问题确实是太突然了，真是没边儿的事儿。

"没有，我觉得那离我还太远了。"

"我本来也是这么想的，你还记得小赫吗？"

"记得，他不是你们院儿的那孩子吗，小时候和我一起玩过。"

"他前两天来我这儿串门，也问了我这个问题。那时候我才发

2016年，老朋友合影。
左起：郑小提、老鬼、
万仲翔、张郎郎、
王尔立

现，在这些问题上我们都太迟钝了。”

小亮一边说，一边拿了本《青年修养十二讲》递给我说：“这书你肯定没看过。”

小亮说：“我把这本书借给你，希望你认真、耐心地读完，咱们下次也多一个聊天的话题。你也别太自以为是，这本书虽然是关于人生观的普及读物，既然可以发行这么多本，一定有它的道理。”

“好，好，我一定看。”因为她说这些话，我才会有耐心听完。我觉得看看也好，免得每次开会的时候，我老听不懂，而且我说的话他们也听不懂。这也算是一举两得吧。

说着，我翻看我的书包，拿出那本我正在看的《神秘的宇宙》。“来而不往非礼也。我也借给你一本书，你也试着看看。下次见面，咱们就多了两个话题啦。”

小亮一直送我到大门口，带我走进王大爷的传达室，对王大爷说：

“王大爷，这是我的同学郎郎，他是原来住咱这儿乔乔的弟弟。下回他来的时候，你让他自己进来就行了。”

王大爷笑着说：“这是郎郎啊，都这么大了，我都没认出来。你小时候老到这里来玩，还常常住在这儿呢。”

“王大爷，我上回来的时候就认出您来了。我估计您准忘了，所以没敢跟您套磁。”

王大爷说：“你姐姐现在去哪儿了？”我说：“她支边去了云南，现在在昆明。”

告别的时候，她轻轻地说：“看完书以后给我打电话。”

“一定。”

当小亮在我视线中消失以后，她那夺目的光芒又缓缓升起。那时候，我已经习惯了她的光芒忽明忽暗的状况。我们的心底似乎没有激情只有温暖。

我和小亮的交往很快就形成了一个模式，似乎每个星期总有那么一两次。日子长了，免不了遇见两三次小亮的母亲。也许，小亮嘱咐过她妈妈，所以见面的时候，她老人家没有再声讨我延安时代的“罪行”。她对我们的见面，没有像其他同学家长那么紧张。也许她坚信自己女儿的理智，不会影响她的学习和进步；也许我在她家的表现属于乖孩子那一类，所以，她没有试图终止我们之间的来往。

在一个初夏的傍晚，本来我已经和小亮约好了去看她，还要和她换书呢。可是下午上第二节课的时候，我突然晕倒了。那时候，一来是我的心脏本来就不好，二来是当时人人都营养不良。好在粮食供应开始好转了，市面上也有高级点心、高级糖了。学校也注重抓学习了，不再天天强调“劳逸结合”，开始强调学习成绩的重要了。

我们学校当时是外交部的外语教学一条龙计划的试行单位，这时候也花重金请来外教。我们的法语口语老师是一位比利时姑娘。这个阶段，我又写诗，又画画，同时还成立了名为“太阳纵队”的文艺沙龙。我要完成学业，不能落后，还要和小亮进行每星期一两次的精神交流。压力过大，以致我竟然就晕倒了。

那天，我是不可能再骑车赴约了。正好老星来看我，我就把书包给他，拜托他去一趟小亮家，帮我把这些书给她。有的是还给她的，有的是我给她挑的。我让他把小亮看完的书给我带回来，还请老星转告她，因为我的身体问题一段时间内暂时先不去她家了。

老星说：“你放心吧，我保证完成任务。”

那天晚上，我已经睡着了，有人轻轻地晃动我胳膊，我睁开眼睛一看是老星回来了。我连忙问他："你见到小亮了吗？你告诉她了吧？她说了些什么？"老星表情严肃，张了几次嘴，但都没说出话来，一副非常为难的样子。我看他这样子就想笑，说："怎么了你？"

老星说："情况不是你想象的那样。我今天去，我把你的健康状况告诉了她。她对你的病也很担心。后来我告诉她，你和她得暂停一段时间来往了。"

老星说："小亮听了之后，一点儿也没不高兴。她说我和郎郎本来就是同学，现在来往也不过是交流交流，互通有无而已。也好，今后我们就干脆别再来往了。然后，她就把她那儿你所有的书都拿给我，让我还给你。"

说着，老星把那一大堆书从书包里拿出来，放在我的书桌上。我说："怎么会这样呢，你小子太不会和女孩子说话了。算了算了，也不怪你。以后，我自己再和她解释吧。"

其实，我听老星这么一说也很纳闷。平时小亮对我的态度，和我谈话的内容，一点儿这样的迹象也没有。也许过去是自己一厢情愿，所以看到的一切现象都显得那么美好、那么光明。

那天，我久久不能入睡，我爬起来写了一首短诗，题目是《痛苦的专利权》。写完后，心头滴血的感觉似乎就停止了。看来，我是一个很好的自疗心理医生。

说起来有点儿可笑，居然我和老星在小亮这个故事里同时成功地"失恋"了一把。老星问我："有人会为失恋而死吗？"

我笑了，说："记得拜伦说，有过，但都是在几十年以后才死的。"

转眼间，在写了一堆动人诗歌之后，老星居然一本正经地来找我策划一起去古巴，为乌托邦的实现而战斗在南美最前线。我们又一起找了有同样症状的哥们儿新华，三人一起仔细预谋了一番。为什么没找老甘，估计是因为那会儿老甘还没有失恋。

可那是1962年，这样的计划是绝对不会成功的。老星本来就够一个愤青的标准了，这个计划破产后，他更加愤青了，写的诗就更多了。那时在我国，你只能自己瞎愤怒。你变不了北岛，也变不了海子。最后，他发现写诗都难以抒发和排解他内心的怒火。

老星没等参加高考，就毅然放弃了学习三年法语的成果，投笔从戎去参军了，当了一名浪漫的坦克兵。他穿着非常帅气的坦克兵军装，军靴擦得锃光瓦亮，嘎嘎作响地来到学校和我们告别。那时候，我们刚刚学会喝啤酒，我们这堆诗友一起举杯，一饮而尽。他就这样身后冒着青烟与我们告别了。

1963年秋，我考上了中央美术学院。这一两年里完全没有了小亮的消息。暑假里的一天下午，老甘来家里找我。他从来都是快人快语，见了我就直截了当地告诉我说："前两天我遇见小亮了，她让我转告你，让你给她打个电话，她有事要找你。"

对我来说，这可真是没想到，这是哪儿跟哪儿啊？我问："她没说找我有什么事儿吗？"

老甘说："她没说具体什么事，就是要找你好好谈谈。因为去年她们参加高考没时间，而今年是你们高考也没时间。现在都考上大学了，那就有时间谈谈了。她现在在政法学院上学。"

我说："果不其然，学文科的话要么去'政法'、要么去'人大'，这才是坦荡的正途。我如今在学艺术，整个儿还是个玩儿闹、调皮捣蛋的专业么，那还谈什么呀？"

于是，我给小亮打了个电话，她静静地和我约定，次日上午十点在劳动人民文化宫南门口见面。她一点儿脾气没有，我也一点儿都不紧张，因为我的那点儿表层伤口早就痊愈了。再说，如今我不过就是要去见个老同学而已，一个老朋友罢了。

我都想好了，无论她怎么批评我，我绝不回嘴，都是老同学，何必呢？最后，我还会客客气气地说，咱们都是这么多年的朋友了，这种友谊多么珍贵，那些插曲咱们就来个一风吹，咱们还和当年一样，继续当知心老同学如何？

我提前了大约五分钟来到文化宫门口。当我正研究公园大门口的广告内容时，小亮突然出现在我的面前。她这人天生从容不迫，大大方方说：“嘿，你倒挺准时的。”我说：“这是我的习惯。什么事我都宁可提前。”

我们俩真够可以的，好像我们不曾有过节儿，又仿佛前两天才刚刚见了面，就这样自然而然地免去了尴尬和别扭。

进了文化宫的大门，我们来到护城河边，她说：“坐会儿吧。”我说：“行。”我们就先后坐在河边的长椅上，而且都自觉地保持着必要的距离，看着对面的绿荫红墙。有人在闲逛，有人在练武，也有人在划船，他们的欢笑声在水面上荡漾。

小亮静静地说：“我找你，就是想问问你，当初到底是怎么回事儿？你怎么想的？”她一句话就把我问蒙了。

我忙说：“当初，没什么事儿啊，就是那天我犯了心脏病，所以不能去给你还书了。我委托老星把书给你送去，就这么简单。这还有什么可想的？我什么都没想呀。”小亮回过头来看着我，问：“你忘了吧，当时你叫他来告诉我什么话都不记得了？”我想了想说：“对了，我还托他带给你几本小说，我觉得这些书也许你会喜欢的，就说了这句话。”

小亮说：“真的？”

我说：“当然是真的。哦，对了，现在来看这些书可能有问题。那会儿我也是好意，我认为这些书都挺不错的。”

小亮说：“那天老星来我家。他先告诉我你生病了，然后把你要还给我的书都给了我。接着他郑重地向我宣布：‘小亮，老狼让我转告你。经过这一段交往，你们互相有了进一步的了解。因此他觉得你们俩不合适继续来往，所以今天请把老狼的书都还回去，把你的书也都还给你。’郎郎，这话你说过没有？”我说：“没有。”

小亮说：“我当时听他这么说就觉得很奇怪，我想要是你真的这么想，应该是你自己直接跟我说，干吗还请老星来转告呢？”后来老星对小亮解释说：“这也许是老狼不好意思自己和你直接说吧，所以就让我来和你谈谈。”

我一听就说：“哎哟喂，这老星可真够能编的。”

小亮问我：“你说这样的朋友还能交吗？”

我说：“这你得容我慢慢想想，这是我们俩的事情。咱们之间的误会冰释了，那今天就算没白来。咱们还是聊聊今后的交往得了。”

其实，我那时心里已经想好了，不管老星为什么这样做，我都必须理解他、原谅他，因为我很珍惜我们之间的友谊。我觉得，这种自幼建立起来的哥们儿义气是最最重要的，是完全不可复制、不可再生的真实感情。

那天，清风徐徐，垂柳依依。我们的人生永远充满着奇迹。

后来我和甘露林一起去看过小亮，我和小亮还一起去颐和园划过船，老甘、莲娜还有我俩一起去劳动人民文化宫参加电影晚会……现在回想，我们双方都试图通过这些交往来增进友谊和了解，为拉近我们的距离而努力过……

过了几年之后，我们的浪漫故事急转而下……

我在监狱关了六年。

十年之后，我回到“美院”去教书了。

小亮和小雨还有安咪和沙地这些“育才”同学先后来我家看我，人们都唏嘘不已。这时我才听说，老甘和老星都已经先后自杀了。老甘的家人始终不相信他会自杀，认为这里面一定有阴谋。

后来，小亮一定请我去她家一趟，因为她已经结婚多年，还有一个儿子，一个女儿，生活安定幸福。

小亮的家就在她妈妈原单位的房子，她叫我去，原来是想给我介绍她同院儿的一个女孩。那女孩的父母和我父母在延安都认识，按理说，这也算是门当户对了。

在小亮的牵线下，我和那个女孩后来见了一面，但我们互相都觉得不太合适。我觉得她太现实、太社会了；她觉得我不像是从监狱放出来的，似乎是从火星回来的，对现实社会一无所知，将来怎么生活呢。最后，我就坦诚地告诉她，咱们还是做朋友最合适。于是，大家皆大欢喜地成了普通朋友。

此后，小亮也试图给我介绍别的延安娃，虽然种种原因都没有成功，但小亮对我的关心和用心，让我非常感动，足够让我牢记心底了。

在我们通信中，我们共同誓言：

我们永远是最要好的同学，
不可分离的好朋友。

我和小亮就像少年时代的猜测一样——我们就是真正的铁哥们儿。

附录

出走半生，归来仍是少年

——张郎郎专访

导语：出走半生，归来仍是少年……这句话用来形容张郎郎再合适不过。20世纪60年代他将现代诗与画笔相结合，记录下了一个少年的纯真与理想，后因世事变故，他搁下画笔，甚至远赴重洋。数年前，内心的召唤使他再拿起画笔，续写少年时的梦想，这些画既是对父亲张仃“毕加索+城隍庙”风格的延续，也是对家人最好的怀念，同时体现着他对生命的热爱和赞扬。2017年7月8日，《一个文人的“从心童画”：张郎郎个展》在清华大学美术学院美术馆开幕，开幕前夕，我们对他进行了专访。

艺术中国：《一个文人的“从心童画”》展览是您的第一次个人画展吗？标题里我们能看到“童心”二字，您是怎么看的呢？

张郎郎：实际上我第一次正式办画展是四年前在798。那时候我在网上跟朋友聊天，大家说你是中央美院毕业的，那你画过画吗？我说画过。大家说那你画张给我们看看。我当时就画了在网上给大家看，他们说挺有意思的，那你搞一个画展吧。那次完全是匆匆忙忙的，大概也就二十多张，做了一个简单的展览，等于是现在画展的预展或者是由头。

我父亲去世以后，我回国的次数比过去多，几乎每年都回来，慢慢地自己想开始画画。为什么是“从心童画”？因为父亲过去一直跟我们说“我是一个小学生”。这有两个含义，第一是说艺术道路是无止境的，他永远是在探索，永远在学；另外一方面，我觉得一个艺术家在进行创作的时候，他的精神状况还是要回到最原始的起点，所以一些大画家最后的画跟儿童画特别像，就是因为他

1959年，张郎郎（右）和同学张久星（老星）初中毕业时的合影

们在社会中生活了这么多年，人的社会性特别强，而真正的造型艺术，只有儿童最直接，这是我从父亲那里获得的启发。

这些画不是我现在开始画的，这种风格实际上是“文革”以前，20世纪60年代的时候，当时我父亲在中央工艺美术学院，他主要教设计，要带一部分学生到云南，就是丁绍光他们，去西双版纳。少数民族的服装和色彩一下子给他很大刺激，他在那儿一上手，发现跟他原来喜欢的西方现代艺术和对毕加索的崇敬很契合，而且他发现毕加索跟中国的民间艺术有很多相通的地方，所以才会有“毕加索+城隍庙”这种说法。后来大家说这是一种装饰绘画，但是从我们的角度说就是最让我们触动的。

那时我正好在中央美术学院上学，学美术史。当时我受父亲和丁绍光这批学生的影响，把自己画的一组画装订在一起，起名叫《随梦录》后，才敢拿给我父亲看。我父亲本来是不让我们学画画的，他认为在大艺术家家庭中的小孩是画不出来的，历史也确实如此。但他看了我的画以后很高兴，他说没想到你也喜欢画画，但是他说你画的这些得算“文人画”。为什么呢？因为我的画都有题目，都有寓意在里边，比如我画了一幅画是关于一篇小说名叫《坦泰的钢琴》，坦泰是希腊神话的一个人物，是说一个艺术家的艺术得不到发挥，最后他自己就好像在梦境中，旁边的大山都变成了琴键，他的手突然变成无限大，在那儿弹琴。我父亲说我画的是真正纯粹的绘画。父亲说因为你的母亲是搞文学的，父亲是搞绘画的，所以你画这种画没准儿对你说来更得心应手。当时纸张什么不像现在那么便宜，父亲拿了几张大的宣纸给我画，我用一张整张的宣纸给父亲画像，是用现代的手法，并开始用广告颜色，这样它才有足够的颜色，鲜明的反差，看着很过瘾。这个可能跟我一直喜

《往事》 彩铅画 张郎郎作 1967年

《迷茫》　圆珠笔画　张郎郎作　1967年

欢西方的现代诗有关系。

20世纪60年代，张郎郎用红蓝铅笔和圆珠笔在信纸上画了两幅绘画，分别是《迷茫》和《往事》。《迷茫》被范铸明先生保存下来。另一张《往事》遗失于文化部前部长英若诚家中。

艺术中国：“童画”与“童话”是谐音，一方面是说您跟文学的这种联系，另一方面是不是也表达了您在画面里面的某一种意境？

张郎郎：实际上我20世纪60年代的画作基本都散落了，所以现在一开始是在回忆当年画的是什么，但经过了这么多年，跟那时候已经不完全一样。从内心来说，一个是我要回归自己对美的感觉，所以说“从心童画”也是一个童话，所谓童话就是自己想象的是比现实更美的东西，还有两张是根据20世纪60年代幸存下来的小画，放成大的画成的，在画的过程中自己觉得不是自我救赎，而是自我回归，画完那两张对我有很大的启发，我又接着往前走。

我父亲画所谓“装饰绘画”这条路，20世纪60年代之后他不可能再画下去了，只留下了很少的一部分，别的都被销毁，一直到20世纪80年代他再重新画画的时候，就改画焦墨了。王鲁湘、李兆忠等评论家说他的艺术道路另辟新径，过去那条路戛然而止，他的学生，包括丁绍光等，都觉得如果我父亲一直沿着这条路画，可以走得更远，虽然他有毕加索的影子，也有城隍庙的影子，但这两者融合在一起并不是很勉强，而是非常自然。虽然20世纪80年代像黄永玉等一系列的大家，也在走这条路，但是因为每个人的风格不一样，所以千姿百态。因此我还有一个心意，就是我在20世纪60年代受父亲启发的那条路中断了，现在我正好退休了，我可以接着

《海默印象》　油画　张郎郎作

《向日葵》　油画　张郎郎作

画，这四年我一直在沿着这条路画。

艺术中国：对于“从心”，一个解释就是您从自己内心出发，不是跟随某个流派或者说限于规矩，还有一个谐音就是“重新”，您的想法是什么？

张郎郎：它另外一个含义就是，我回来以后看了我父亲的画在拍卖，我也常到中央美术学院和清华大学美术学院看展览，有时候我替他们惶惑，因为不是说年轻人沉不下来，而是整个的绘画市场和绘画理论也太复杂了，所以都无所适从。永远这样的话，路就更难走，艺术家不应该跟着市场走，也不能跟着博物馆的需要去走，虽然从你的心走出来的东西可能被认识，也可能不被认识，但总是你自己的东西。

艺术中国：除了您在20世纪60年代被张仃先生的画作深为影响，他日常的一些艺术熏陶，对您是不是也有潜移默化的影响？

张郎郎：对，因为我父亲喜欢毕加索，所以我在延安生下来看见的第一张画就是毕加索的画，后来一直到东北、北京，在我上中央美术学院的时候，我父亲从巴黎回来，带回了大量的西方的画册，包括毕加索、马蒂斯、莫迪利亚尼等。当时看画实际上和现在不一样，我们并没有把它们划分得那么清楚，不管是古典的、现代的，还是中国的、外国的，比如说齐白石、李可染、林风眠，包括毕加索、戈雅等，每张画我们认为它好，一定是被感动或跟我们的内心有一个共鸣，都是完全从这个来看。这些画家里我觉得跟自己最近的就是毕加索、莫迪利亚尼。我父亲对我最大的鼓励是我画的他那张像，他并没有说多好，而是说虽然你在美术学院进行了基本训练，但是你的线条还是很生，这很不容易，线条熟不是一个好画家，生的线条本身有自己的生命，没有力量的话是站不住的。

艺术中国：在20世纪60年代，您的很多画作与您喜欢现代诗有怎样密切的联系？

张郎郎：因为我当时喜欢麦考斯基早期象征派的诗，还有西班牙的洛尔迦，在他写的那个诗里面我可以读到画面，像洛尔迦有名的“黑小马，大月亮”，另一句是“红月亮，黑小马”，实际上应该是马比月亮大，但是在他眼里是月亮比马大，这些画面会让你有很丰富的艺术想象。

在20世纪60年代，除了给我父亲的，我自己也画了很多画，比如说像高尔基写了一篇小说《丹柯》，就是讲一个名叫丹柯的人，最后他为了让大家走出黑暗的森林，把他的心拿出来，变成火把，举在手里，我觉得这特别有画面，就把它画出来。别人说你为什么非得画这样的？我说这本身能感动我，光让我画一个静物或一个山水，对我来说不能感动，但是我看我父亲的焦墨，像《巨木赞》、山水长卷等，一样能感动人，关键是你在画的时候是不是已经被感动了。

当时在巴黎的洛东达咖啡馆的时候，毕加索也跟波德莱尔、艾略特这些现代诗人在交叉之中，他的画对他们的诗有启发，反过来他们的诗对他的画有启发，所以我觉得我的画和文学是分不开的，所以也是从这个意义上说，我觉得我还是算“现代文人画”，但是这个跟咱们现在流行说的文人画不是一个，这个叫法是为了说着方便，并不一定符合美术史的叙述。

艺术中国：从20世纪60年代之后到2004年首次在798尝试做展

《我们知道》　油画　张郎郎作

《青山微风过》　油画　张郎郎作

览，这四十多年中您有没有继续画画？

张郎郎：我一直在画画，不过后面都是属于一种习惯。这些年我在国外教书，时间比较紧张，不可能有条件画大画，也不可能在一张画上花很多时间，所以我就用圆珠笔、铅笔、钢笔随手画。我在北京四中的同学，都知道我那几年差不多都在画画，在课本上每页全画满了，实际上就是自己为了好玩，而线条如何堆积出一个形态，这是一个自己的过程。

艺术中国：这些随手画的风格跟20世纪60年代是一脉相承的吗？

张郎郎：对。一脉相承，而且是一个自我的发展。我父亲画的这类画现在没有人在画，我试图再继续，也许我是最不专业的一个画家，但是我至少是一个志愿者，有热情往前再推动，也许“美院”的年轻人受到影响之后，没准儿可以画得更好。

艺术中国：在国外的这么多年，在国外博物馆中看很多的原作，对您是否有影响吗？

张郎郎：有，我差不多二十年一直在华盛顿，那里有很好的博物馆，而且有很多我喜欢的画家的原作，给我的震撼第一是保存好，第二是颜色这么鲜艳、厚重，第三是发现毕加索几张特别鲜亮的画，实际上不是用油画颜料画的，而是用油漆画的，这就给我一个启发——最关键的是最后的效果，前面的手段不重要。

艺术中国：在您的作品中，除了一些文学性的绘画，也有像李兆忠先生所说，包含着“主观思想和客观现实碰撞所产生的灵魂之光”。

张郎郎：对，像《红与黑》实际上我是受王鲁湘一篇文章的影响，他说我父亲这一生一直是在红与黑之间纠结，我说从这个意义上说我也有两个纠结，一个是文学和美术的纠结，后来我就发现这个纠结，你可以用另外一种心态将它们融合，所以我写东西也可以有很多画面，在画画的时候也可以有很多寓意，把它划分是理论家的事儿，关键是你能不能做出来自己喜欢的东西；另外一个纠结就是，我生在延安，一直是红色的家庭背景，另一方面，我生活的经历又特别坎坷，是一条黑线，所以纠结在一起。但是也可以让它们相处，就把坎坷的经历变成一种财富，把红色的线变成可以推进的正能量。从这个角度说，人生实际上也是画，每个人都有不同的条件，怎么把这些有利和不利的条件，也就是不同的色彩和线条，在一个有效的情况下组装起来，可能就是属于你的一张人生的大画。

艺术中国：在《红与黑》的画面里有一个小孩，是代指您自己吗?

张郎郎：对，这个小孩的灵魂和精神在其中无所适从，但是也有好处，实际上灵魂可以漂流其上，就是你不要纠缠进这两大块，是可以飘逸出来的。

艺术中国：这好像是中国人的一种智慧。

张郎郎：对，我母亲小时候就给我们讲，在你遇到特别痛苦或者特别愤怒而无能为力、无可奈何的时候，你不要去挣扎，不要去斗争，最好的办法就是灵魂出窍，你出来反观，那时候你会很平静，因为历史、社会就是这样。

《红与黑》　油画　张郎郎作

艺术中国：您的人生历程是很曲折坎坷的，但是在您的画面中，看不出任何愤怒或仇恨，反而是充满童心和阳光的，您自己是如何看的呢？

张郎郎：这跟我现在写的几本书是一样的，因为我把自己拉远一点。我们来到这个世界，实际上一生中可能有高升，也有降低，有反复的曲线，我只不过是曲线比别人的幅度更大，但是反过来想我也占了很大便宜，别人没机会有这样极端的感受。我在文学上讲故事的时候一定尽量让自己以第三者的角度平白直述，讲当时我所知道的实际情况，当然不能说百分之百就是事实，因为根据罗生门，每个人的角度不一样，但是至少你不要把自己卷入进去。我画画的时候也是同样的心情，我只画我自己觉得美好有趣的，让我激动的，有悲伤、也有欢乐、也有沉思，但是不要把特别负面的情绪和所谓“丑的美”表现出来。

最近几年我去798、宋庄，有时候觉得它们很有探索精神，但是有的画的我实在不能看。我不能说我画得好，至少我得让人家觉得这个画看着还舒服，这是我对美术的理解。因为我们画的是美，所以我自己在画画的过程中，不能把自己心里边的仇恨愤怒全画进去，但也有的画家愿意这么画，画好了也不错，但是要画好不容易。

艺术中国：20世纪60年代“毕加索+城隍庙”的风格并没有延续下去，您期望您的展览能够给人们提示一些什么？起到一个什么样的作用？

张郎郎：我觉得这次在“清华美院”办展，最后能够被批准，已经很荣幸了。因为我不是一个绘画系的毕业生，也许画的画还能

毕加索+城隍庙画风《白花轻落》　油画　张郎郎作

《水底鱼世界》 油画 张郎郎作

看就被同意了。从我的角度，我希望就是有学生或者别的画家，看了以后可能按照他的风格和技巧会解读得更好。我第一次办画展以后至少得到一个效果，就是我的同学说咱们美术史系的人也可以办画展，至少真正愿意好好画的人会多一些。我这么大年纪开始画画，第一并不是想以此出名，第二不是希望以此养家糊口，没有这两个，就可以真正做到纯粹从内心为艺术而艺术，从心而画。

艺术中国：反过头来看为什么这么多年您都没有选择别的绘画方式，一直是这种现代的而且具有文学性的方式？

张郎郎：我有一个阶段也画水墨，但是我觉得水墨和我的性格和审美理想不一样。我在普林斯顿当访问学者之后，我走到一个十字路口。这个时候我在纽约有一个做艺术交易的朋友吴尔鹿，他看了我的画，说你就当职业画家，我来代理，还给我弄了画室，买了画布和大量的颜色。这时候突然康奈尔大学通知我可以去教书，我还是“目光短浅”，因为当时还有我女儿正在上学，我卖画能不能谋生还是一个问号，但是去教书至少可以养家糊口。如果我当时听了他的话，没准儿我可以画得更早，自己就变成一个职业画家了，等这次我跟吴尔鹿说我开始画画了，他说你别跟我说，那个时候我还能做，你现在这么大岁数，怎么做啊？

艺术中国：这种风格跟您遗传自父亲和母亲的职业基因，以及您本身对二者的热爱是有直接关系的？

张郎郎：一个原因是因为我画这个风格，我兄弟姐妹看到后都特别理解，因为当时我们家最有意思的游戏就是在家里办家庭杂志，我在家庭杂志画的就是这个风格，现在把它画成大的，再往前

2018年，北京。张郎郎在画室作画

发展，颜色更好，他们会很高兴；另一方面我也觉得是对我母亲和父亲纪念的最好的一种方式。

艺术中国：什么是家庭办杂志呢？您能否介绍一下？

张郎郎：实际上就是手抄本，读者是家庭的成员，以及朋友或者朋友的孩子，传完了一圈之后又还回到我们家，画画也行，写文章也行，把它们装订在一起成册。20世纪50年代到60年代我们家一直在做这个。

艺术中国：从20世纪60年代您的作品充满生命的冲动、青春的活力，直到今天您依然是希望把正能量表现在画面上，这反映了您对这个社会、人性怎样的认识？

张郎郎：真正的原因是我从小受家庭影响，包括后来在中央美术学院美术史系，也学了很多关于美的内容。我一直在思索“什么是美”？曾经有个同学从他的角度对我说：美就是生命力，表现出生命的美好和对生命的渴望。实际上这是一种理想，人都不能永生。我的画，一切都是让人家觉得生活是美好的。我给郭路生写的“相信未来，热爱生命”，实际上是我自己的座右铭，我还是会沿着这条路再走下去。

文章来源：《艺术中国》2017年7月4日

后记

古人云："人生七十古来稀"，好在如今时代的行进速度突飞猛进，人们的平均年龄也就越来越长。于是，我也沾光变成"老人中的青年"。不管真的假的，我必须不忘初心，以童稚心态写写画画。让同辈人开心，让后辈们省心。

每个人都是单镜头摄影机，我只能在自己有限的角度，记录了一些所见、所听、所思的片段，组成了这本书中的故事。我讲的故事希望它们能有趣，也希望这些故事能有我独自的印记。

所有的故事都是罗生门，我这么一说，你那么一听。

对我来说，此书的出版是我今后创作的新起点，不仅是这本书的独特风格打动了我，更让我知道了讲故事这个老行当，竟然可以这样的五彩缤纷！我期待着清新的晨光，慢慢染亮我窗外湛蓝的天空……

在此，非常感谢我的老朋友刘宝华女士、董耘女士、栾文驹先生，他们为把我这些年写写画画的零七八碎，集汇成册，付出了大量而烦琐的劳动和心血。

书中的多数图片均属我的家人和亲朋好友提供，个别从网络上下载的图片版权仍归图片持有者所有。

最后，我希望这本书，偶尔能给你一些联想，一些共鸣，一些感动，至少可以帮你解解闷儿。

張郎郎

2018年5月28日于北京

选题策划：亦　木
特邀编辑：董　耘
责任编辑：马长虹
装帧设计：刘宝华

图书在版编目（CIP）数据

郎郎说事儿 / 张郎郎著. -- 北京 : 东方出版社，2018.6
ISBN 978-7-5207-0392-5
Ⅰ. ①郎… Ⅱ. ①张… Ⅲ. ①张郎郎－自传
Ⅳ. ①K825.72
中国版本图书馆CIP数据核字(2018)第124841号

郎郎说事儿

张郎郎 著
東方出版社 出版发行
(100706 北京市东城区隆福寺街 99 号)
北京盛通印刷股份有限公司印刷　新华书店经销
2018 年 7 月第 1 版　2018 年 7 月北京第 1 次印刷
开本：710 毫米 ×1000 毫米 1/16
印张：18.75　　字数：230 千字
ISBN 978-7-5207-0392-5
定价：75.00 元

邮购地址：100706 北京市东城区隆福寺街 99 号
人民东方图书销售中心：(010) 65250042　65289539